北大版新一代对外汉语教材·短期培训系列

SPEED-UP CHINESE
速成汉语
（修订版）
（2）
英文注释本

何慕 编著

北京大学出版社
北　京

图书在版编目(CIP)数据

速成汉语.2/何慕编著.—修订版.—北京：北京大学出版社,2004.4
（北大版新一代对外汉语教材·短期培训系列）
ISBN 7-301-06891-3

Ⅰ.速… Ⅱ.何… Ⅲ.汉语-对外汉语教学-教材
Ⅳ. H195.4

中国版本图书馆 CIP 数据核字(2004)第 000285 号

书　　　名：速成汉语（2）（修订版）
著作责任者：何　慕　编著
责 任 编 辑：胡小园
标 准 书 号：ISBN 7-301-06891-3/H·0968
出 版 发 行：北京大学出版社
地　　　址：北京市海淀区成府路 205 号　　100871
网　　　址：http://cbs.pku.edu.cn
电 子 信 箱：zpup@pup.pku.deu.cn
电　　　话：邮购部 62752015　发行部 62750672　编辑部 62752028
排　版　者：北京华伦图文制作中心
印　刷　者：北京大学印刷厂
经　销　者：新华书店
　　　　　　850 毫米×1168 毫米　32 开本　6.375 印张　160 千字
　　　　　　1997 年 3 月第 1 版
　　　　　　2004 年 4 月第 2 版　2006 年 1 月第 3 次印刷
定　　　价：16.00 元

未经许可，不得以任何方式复制或抄袭本书之部分或全部内容。
版权所有，翻版必究

编写说明

本套教材是《速成汉语》(何慕编著,1997年北大出版社出版)的修订本。除教材内容有变动和增加了必要的辅助资料外,本次修订还把原来的一册按照循环分为三册,目的是更便于学习者根据不同需求进行选择。

编写第二语言学习教材,通常的做法是,口语教材多以话题情景为纲,精读课本多以语言知识为纲。前者容易忽略语言知识的系统性,后者容易忽略语言材料的实用性。《速成汉语》力图克服上述不足,把二者有机地结合起来,在以话题情景为纲组织教材内容的同时,以《汉语水平考试大纲》(HSK)的甲级语法点为安排语言知识的依据,并注意到同乙级语言点的衔接和过渡。本套教材侧重于培养学习者听和说的能力。

《速成汉语》把日常生活用语分成15个话题(问候与介绍、学校生活、问路和旅游、时间和日期、交通、在旅馆、访问和做客、购物、季节和天气、健康和医疗、饮食、讨论问题、兴趣爱好、贸易、学习汉语),每课学习一个话题的部分用语。全套书共三册,每册15课,全书共计45课。每册为一个循环。第一册的15课是15个话题中最基本的内容,掌握了它,就可以完成简单的汉语交际。后两册在此基础上逐渐加以扩展,使每个话题得以丰富和深化。其中第三册还有意识地加入了一些商业贸易用语,以增加本书的实用性。每课设有基本句型、课文、注释、练习、生词五个项目。课文以对话体为主,以训练听说能力;多数课文还设有叙述体短文,以训练阅读和理解能力。全部课文配有英文翻译。三册课文中的全部对话语体和第一册的叙述体短文标注了汉语拼音。课文和句型配有简明实用的注释,用以讲解语法知识。每课安排 10 个句型,20 个左右生词,三册共 450 个句型,约 900 个汉语词(包括词组)。本套教材在词语和语法点的安排上注意体现重现和渐进的原则,以便于学习。此外,本套教材还分别在每一册安排了学习辅助资料:

第一册:语音基本知识、常用反义单音节形容词、部分俗语

第二册:常用量词

第三册:常用多音字

为引起学习者的兴趣,每册书后都配有三至四首古诗。《速成汉语》适用于在校学生的课堂教学,按照每周两课的进度,八周学完一册书。教师可以根据学习的期限和学习者的水平任意选择其中的一册(一个循环)进行教学。本套书也可以用作会话手册,供愿意学习汉语的各界人士自学之用。

本教材课文部分由曹莉、王舒翼女士翻译,特此致谢!

作 者

2003 年于北大燕园

Foreword

The language materials selected for this book are all standard Chinese Putonghua oral materials. Most of the ordinary oral teaching materials are based on the situation of a conversational topic while language teaching materials mostly use language knowledge as the guiding principle. The latter overlooks the practicality of language materials.

Speed-up Chinese strives to overcome the above mentioned deficiency and to integrate the two as an organic whole. When situation of a conversational topic is used as the guiding principle to constitute the content of the teaching material, the first-rate grammar point (133 points) of the Chinese Level Examination (HSK) is added as the basis of arranging language knowledge. The book also tries to achieve the linkup and transition with second-rate grammar point. This book lays particular emphasis on fostering the listening and speaking ability of the learner.

Speed-up Chinese divides everyday phraseology into 15 situations of conversational topics (greetings and introduction, school life, travelling, time and date, traffic at the hotel, visiting and sojourn, shopping, seasons and weather, health and medical services food and drink, discussion of questions, interest and hobby, trade, learning Chinese). Every lesson teaches part of the phraseology of each conversational topic.

There are altogether 45 lessons. Every 15 lessons are a cycle. The first 15 lessons have got the most basic contents among the 15 conversational topics. Mastering it will enable the learner to make some simple Chinese communications. The latter two 15 lessons develop gradually on this foundation, allowing the 15 conversational topics to be enriched and intensified. The third cycle prepares particularly for learners some commercial trade phraseology. Every lesson consists of five parts: sentence patterns, text, annotation, exercises and new words. The text is mainly in the conversational mode. It is designed to train the listening and speaking ability. All texts come along with English translations. Hanyu Pinyin has been filled in for all the conversations in the texts, as well as for the short, narrative essays in the first book. The texts and sentence patterns are accompanied with concise and practical annotations, explaining grammatical phenomena. Each lesson has got 10 sentence patterns, approximately 20 new words, so there are 450 sentence patterns altogether, approximately 900 Chinese phrases. The arrangement of vocabulary and grammar points in this book follows the principle of progress step by step.

Speed-up Chinese is applicable for classroom-teaching. If the planned schedule of two lessons per week is followed, this book can be completed in eight weeks. The teacher can arbitrarily select any cycle (15 lessons) to teach on the basis of the different conditions of the students. This book can be a conversational handbook too, capable of meeting the different needs of individuals who are willing to study Chinese on their own.

话题目录
Topics Catalogue

1. 问候和介绍　　　Greetings and Introductions
2. 学校生活　　　　School Life
3. 问路和旅游　　　Travelling
4. 时间和日期　　　Time and Date
5. 交通　　　　　　Traffic
6. 在旅馆　　　　　At the Hotel
7. 访问和做客　　　Visiting and Sojourn
8. 购物　　　　　　Shopping
9. 季节和天气　　　Seasons and Weather
10. 健康和医疗　　　Health and Medical Services
11. 饮食　　　　　　Food and Drink
12. 讨论问题　　　　Discussion of Questions
13. 兴趣爱好　　　　Interest and Hobby
14. 贸易　　　　　　Trade
15. 学习汉语　　　　Learning Chinese

《速成汉语》(全三册)话题重现索引表

话题		话题内容（课文题目）	索引	
			册	课
1	问候与介绍	你好	1	1
		他是哪国人	2	1
		我来中国学习汉语	3	1
2	学校生活	上课	1	2
		开学了	2	2
		我的专业	3	2
3	问路和旅游	银行在哪儿	1	3
		去动物园	2	3
		旅游	3	3
4	时间和日期	几点了	1	4
		生日	2	4
		等了一个小时	3	4

话 题		话题内容（课文题目）	索引	
			册	课
5	交通	坐出租汽车	1	5
		坐火车	2	5
		坐飞机	3	5
6	在旅馆	你住507号	1	6
		饭店里住着各国客人	2	6
		饭店的服务	3	6
7	访问和做客	拜访老师	1	7
		你的家真漂亮	2	7
		参加晚会	3	7
8	购物	买橘子	1	8
		买衣服	2	8
		买手机	3	8
9	季节和天气	下雨了	1	9
		春天到了	2	9
		南北气候差异	3	9
10	健康和医疗	我头疼	1	10
		吃药和锻炼	2	10
		看病	3	10

《速成汉语》(全三册)话题重现索引表

话题		话题内容(课文题目)	索引	
			册	课
11	饮食	喝茶	1	11
		点菜	2	11
		宴会	3	11
12	讨论问题	星期天干什么	1	12
		减肥	2	12
		再便宜一点儿	3	12
13	兴趣爱好	我喜欢古典音乐	1	13
		爱好体育	2	13
		看广告	3	13
14	贸易	欢迎您	1	14
		合作	2	14
		参观博览会	3	14
15	学习汉语	我喜欢学习中文	1	15
		读中文报纸	2	15
		请帮我看中文合同	3	15

语法术语简称表
The Abbreviations of Chinese Grammatical Terms

（名）	名词	míngcí	noun
（代）	代词	dàicí	pronoun
（动）	动词	dòngcí	verb
（助动）	助动词	zhùdòngcí	auxiliary verb
（形）	形容词	xíngróngcí	adjective
（数）	数词	shùcí	numeral
（量）	量词	liàngcí	measure word
（副）	副词	fùcí	adverb
（介）	介词	jiècí	preposition
（连）	连词	liáncí	conjunction
（助）	助词	zhùcí	auxiliary word
（叹）	叹词	tàncí	interjection
（拟声）	拟声词	nǐshēngcí	onomatopoeia
（头）	词头	cítóu	prefix
（尾）	词尾	cíwěi	suffix
（主）	主语	zhǔyǔ	subject
（谓）	谓语	wèiyǔ	predicate
（宾）	宾语	bīnyǔ	object
（定）	定语	dìngyǔ	attribute
（状）	状语	zhuàngyǔ	adverbial
（补）	补语	bǔyǔ	complement

目 录
Contents

1. 他是哪国人 Where does he come from? ……… (1)
2. 开学了 The school starts ……………… (11)
3. 去动物园 Go to the zoo ………………… (21)
4. 生日 Birthday ………………………… (32)
5. 坐火车 Taking the train ……………… (42)
6. 饭店里住着各国客人
    Guests from various countries in the hotel ……… (52)
7. 你的家真漂亮
    Your house is really beautiful ……………… (62)
8. 买衣服 Buying clothes ………………… (72)
9. 春天到了 Spring is here ……………… (81)
10. 吃药和锻炼 Taking medicine and exercises …… (91)
11. 点菜 Food ordering ………………… (102)
12. 减肥 Weight control ………………… (112)
13. 爱好体育 Enthusiasm for sports ………… (122)
14. 合作 Cooperation …………………… (133)
15. 读中文报纸 Reading Chinese newspapers ……… (143)

生词表 ………………………………… (154)
附录一 汉语常用量词 …………………… (168)
附录二 古诗三首 ………………………… (179)

他是哪国人

Where does he come from?

Sentence Patterns

1. 您早!
   Nín zǎo!
   Good morning!
2. 早上好! 休息得好吗?
   Zǎoshàng hǎo! Xiūxi de hǎo ma?
   Good morning! Did you have a good rest?
3. 您贵姓?
   Nín guì xìng?
   What is your surname?
4. 我姓王, 叫王大林。
   Wǒ xìng Wáng, jiào Wáng Dàlín.
   My surname is Wang. I am Wang Dalin.
5. 他是谁?
   Tā shì shuí?
   Who is he?
6. 他是我们公司的老板马丁先生。
   Tā shì wǒmen gōngsī de lǎobǎn Mǎdīng xiānshēng.

He is our boss, Mr Martin.

7. 他是哪国人？
   Tā shì nǎ guó rén.
   Where does he come from?

8. 他是德国人。
   Tā shì Déguórén.
   He is German.

9. 他懂几种语言？
   Tā dǒng jǐ zhǒng yǔyán?
   How many languages does he know?

10. 除了德语外，他还懂英语、法语、日语和汉语。
    Chúle Déyǔ wài, tā hái dǒng Yīngyǔ、Fǎyǔ、Rìyǔ hé Hànyǔ.
    Besides German, he knows English, French, Japanese and Chinese.

课文 Text

(一)
(饭店里的对话　A dialogue in a hotel)

A：您早！
　　Nín zǎo!
　　Good morning!

B：早上好！休息得好吗？
　　Zǎoshàng hǎo! Xiūxi de hǎo ma?

他是哪国人

    Good morning! Do you have a good rest?

A：很好,谢谢!
    Hěn hǎo, xièxiè!
    Yes, very good. Thank you!

B：请问,您是英国人吗?
    Qǐng wèn, nín shì Yīngguórén ma?
    Excuse me, are you from England?

A：不,我不是英国人,我是德国人。
    Bù, wǒ bú shì Yīngguórén, wǒ shì Déguórén.
    No, I am not from England. I am a German.

B：对不起,请原谅。
    Duìbùqǐ, qǐng yuánliàng.
    I am sorry.

A：没什么。你会说德语吗?
    Méi shénme. Nǐ huì shuō Déyǔ ma?
    It is all right. Can you speak German?

B：不,我会说一点儿英语。
    Bù, wǒ huì shuō yìdiǎnr Yīngyǔ.
    No, I know a little English.

A：别的呢?
    Biéde ne?
    Anything else?

B：除了英语外,我还能说一点儿日语。
    Chúle Yīngyǔ wài, wǒ hái néng shuō yìdiǎnr Rìyǔ.
    Besides English, I can speak a little Japanese.

A：因为很多客人都说英语和日语吧？
Yīwèi hěn duō kèrén dōu shuō Yīngyǔ hé Rìyǔ ba?
Is it because many guests here speak English or Japanese?

B：是。
Shì.
Yes.

(二)

A：他是谁？
Tā shì shuí?
Who is he?

B：他是我们公司的老板。
Tā shì wǒmen gōngsī de lǎobǎn.
He is our boss.

A：他姓什么？
Tā xìng shénme?
What is his family name?

B：我们不知道他姓什么，我们都叫他马丁先生。
Wǒmen bù zhīdào tā xìng shénme, wǒmen dōu jiào tā Mǎdīng xiānshēng.
We do not know his surname. We call him Mr Martin.

A：马丁先生是哪国人？
Mǎdīng xiānshēng shì nǎ guó rén?
Where does Mr Martin come from?

B：他是美国人。
　　Tā shì Měiguórén.
　　He is an American.

A：他会说汉语吗？
　　Tā huì shuō Hànyǔ ma?
　　Does he speak Chinese?

B：会。他懂很多种语言。汉语、日语、德语、法语他都会说。
　　Huì. Tā dǒng hěn duō zhǒng yǔyán. Hànyǔ、Rìyǔ、Déyǔ、Fǎyǔ tā dōu huì shuō.
　　Yes. He knows many languages. He can speak Chinese, Japanese, German and French.

(二) 我的老师
My teacher

　　我的汉语老师是中国人。他姓马，叫马林。他身体很好，什么病也没有。他很喜欢喝茶，每天要喝七八杯。他说，喝茶对身体很有好处。马老师懂很多种语言。他的英文说得很好。除了英语，他还能说法语、德语和日语。马老师还很喜欢读书，他对英国历史和日本历史都很了解，他也很了解法国的文学。我们都非常喜欢马老师。
　　My Chinese language teacher is a Chinese. His family

name is Ma and the full name is Ma Lin. He is very healthy without any illness. He likes tea very much and drinks seven to eight cups each day. He says drinking tea is very good for health. Mr. Ma knows many languages. He speaks very good English. Besides that, he can speak French, German and Japanese. Mr. Ma likes reading too. He has good knowledge about the history of England and Japan. He also knows a lot about French literature. All of us like him very much.

注释 Annotation

1. (您)贵姓　　(*Nín*) *Guì xìng*

是客气的问法,意思是"(您)姓什么？"

"(*Nín*) *guì xìng*" is a polite way of asking what your surname is.

2. 谁　　*Shéi*

常读作 *shuí*。表示疑问时,在句子中的位置有两种:(1)在动词后:"他是谁?"(2)在动词前:"谁是美国人?"
When "*shéi*" is used in a sentence, it can be put: (1) after verbs: "*Tā shì shéi?*" (2) before verbs: "*shéi shì Měiguórén?*".

3. 除了……外,……还(也)…… *Chúle…wài, …hái(yě)…*
这是一个固定用法,"外"可以省略不说。
This is a fixed structure and "*wài*" can be omitted.
Example:
除了我,他也去过那儿。
Besides me, he has also been there.
除了红茶,我还喜欢喝绿茶。
Besides black tea, I also like green tea.

练 习
Exercises

1. 连线:
Connect column A and column B:

A	B
他是哪国人?	他懂很多种语言。
他懂几种语言?	他是我的汉语老师。
你休息得好吗?	他是英国人。
你的老师喜欢喝茶吗?	我会说法语,也会说英语。
他是谁?	我休息得很好,谢谢。
你会说法语吗?	他很喜欢喝茶。

2. 完成对话：

Complete the following dialogues:

(1) A：请问，您贵姓？

　　B：＿＿＿＿＿＿＿＿＿＿＿。

　　A：您是哪国人？

　　B：＿＿＿＿＿＿＿＿＿＿＿。

　　A：您会说汉语吗？

　　B：＿＿＿＿＿＿＿＿＿＿＿。

(2) A：您身体好吗？

　　B：＿＿＿＿＿＿＿＿＿＿＿，你呢？

　　A：＿＿＿＿＿＿＿＿＿＿＿。

　　B：你是不是中国人？

　　A：不，＿＿＿＿＿＿＿＿＿＿。

　　A：你的汉语说得很好。

(3) A：她是谁？

　　B：＿＿＿＿＿＿＿＿＿＿＿。

　　A：她懂汉语吗？

　　B：＿＿＿＿＿＿＿＿＿＿＿。

　　A：别的语言呢？

　　B：＿＿＿＿＿＿＿＿＿＿。（除了……）

(4) A：早上好！

　　B：早上好！＿＿＿＿＿＿＿＿＿。

　　A：我休息得很好。

　　B：＿＿＿＿＿＿＿＿＿＿＿。

　　A：是的，我要去银行。

　　B：＿＿＿＿＿＿＿＿＿＿＿。

3. 改正病句：
   Correct the mistakes in the following sentences:
   (1) 认识你很高兴也。
   (2) 他我的老师。
   (3) 你会说英语,会说日语还。
   (4) 我的日语说不太好。
   (5) 你老师是哪国人？
   (6) 除了中国,我去过日本。
   (7) 除了汉语,也我会日语。
   (8) 你休息好吗？

New Words

1. 早	zǎo	（形）	early	
2. 早上	zǎoshàng	（名）	morning	
3. 姓	xìng	（动）	surname	
4. 贵姓	guì xìng		*(polite)* surname	
5. 谁	shuí	（代）	who/whom	
6. 老板	lǎobǎn	（名）	boss	
7. 国	guó	（名）	country, nation	
8. 语言	yǔyán	（名）	language	
9. 除了	chúle	（介）	besides, except	
10. 原谅	yuánliàng	（动）	forgive	
11. 多	duō	（形）	many	

12. 客人	kèrén	（名）		guest
13. 天	tiān	（名）		day
14. 好处	hǎochù	（名）		benefit
15. 德国人	Déguórén			German
16. 英国人	Yīngguórén			English
17. 美国人	Měiguórén			American
18. 德语	Déyǔ			German
19. 英语	Yīngyǔ			English
20. 法语	Fǎyǔ			French
21. 日语	Rìyǔ			Japanese
22. 英国	Yīngguó			England
23. 日本	Rìběn			Japan
24. 法国	Fǎguó			France
25. 马林	Mǎ Lín			Malin

开学了

The school starts

Sentence Patterns

11. 这学期我有四门课。
    Zhè xuéqī wǒ yǒu sì mén kè.
    I have got four subjects this semester.
12. 我每天有三个小时课。
    Wǒ měi tiān yǒu sān gè xiǎoshí kè.
    I have got three hours of class every day.
13. 上午有课,下午没课。
    Shàngwǔ yǒu kè, xiàwǔ méi kè.
    I have classes in the morning and none in the afternoon.
14. 我晚上经常去图书馆看书。
    Wǒ wǎnshàng jīngcháng qù túshūguǎn kàn shū.
    I often go to the library at night for reading.
15. 我学习电脑课了。
    Wǒ xuéxí diànnǎo kè le.
    I have attended the computer class.
16. 你中午在哪儿吃饭?
    Nǐ zhōngwǔ zài nǎr chī fàn?

Where do you have lunch?

17. 中午我在学校餐厅吃饭。
    Zhōngwǔ wǒ zài xuéxiào cāntīng chī fàn.
    I have lunch in the school canteen.
18. 学校快开学了吗?
    Xuéxiào kuài kāi xué le ma?
    Is the school opening soon?
19. 是,快开学了。
    Shì, kuài kāi xué le.
    Yes, the school is starting soon.
20. 我们快要放假了。
    Wǒmen kuài yào fàng jià le.
    The vacation is coming soon.

课文
Text

(一)

A: 这学期你有几门课?
   Zhè xuéqī nǐ yǒu jǐ mén kè?
   How many subjects have you got this semester?
B: 我有四门课。
   Wǒ yǒu sì mén kè.
   I have got four subjects.
A: 什么课?
   Shénme kè?

What are they?

B：汉语、中国历史、中国文学和电脑课。
Hànyǔ、Zhōngguó lìshǐ、Zhōngguó wénxué hé diànnǎo kè.
Chinese, Chinese history, Chinese literature and computer.

A：你每天都有课吗？
Nǐ měi tiān dōu yǒu kè ma?
Do you have classes every day?

B：除了星期六和星期天，我每天都上课。
Chúle xīngqīliù hé xīngqītiān, wǒ měi tiān dōu shàng kè.
I have classes except on Saturday and Sunday.

A：上午上课还是下午上课？
Shàngwǔ shàng kè háishi xiàwǔ shàng kè?
Do you have classes in the morning or afternoon?

B：上午有课，下午没课。
Shàngwǔ yǒu kè, xiàwǔ méi kè.
I have classes in the morning, not in the afternoon.

A：下午你干什么？
Xiàwǔ nǐ gàn shéme?
What do you do in the afternoon?

B：我经常去图书馆看书。
Wǒ jīngcháng qù túshūguǎn kàn shū.
I often go to the library to read.

A：你中午在哪儿吃饭？
Nǐ zhōngwǔ zài nǎr chī fàn?
Where do you have lunch?

B：中午我在学校餐厅吃饭。
Zhōngwǔ wǒ zài xuéxiào cāntīng chī fàn.
I have lunch in the school canteen.

A：餐厅的饭怎么样？
Cāntīng de fàn zěnmeyàng?
How is the food in the canteen?

B：不错，很便宜。
Bú cuò, hěn piányi.
Good enough and it is very cheap.

(二)

A：你每天有几个小时课？
Nǐ měi tiān yǒu jǐ gè xiǎoshí kè?
How many hours of classes do you have every day?

B：我每天有四个小时课。
Wǒ měitiān yǒu sì gè xiǎoshí kè.
I have got four hours of classes every day.

A：每天都有中文课吗？
Měi tiān dōu yǒu Zhōngwén kè ma?
Do you have Chinese lesson every day?

B：是，每天都有一个小时中文课。
Shì, měi tiān dōu yǒu yí gè xiǎoshí Zhōngwén kè.
I have got one hour of Chinese lesson every day.

A：你的中文老师是哪国人？
Nǐ de Zhōngwén lǎoshī shì nǎ guó rén?
Where does your Chinese teacher come from?

B：是中国人。
　　Shì Zhōngguórén.
　　He is a Chinese.

A：他的课有意思吗？
　　Tā de kè yǒu yìsi ma?
　　Is his class interesting?

B：一点儿意思也没有。
　　Yīdiǎnr yìsi yě méiyǒu.
　　It is not interesting at all.

A：什么课有意思？
　　Shénme kè yǒu yìsi.
　　What are the interesting classes?

B：电脑课最有意思。这学期我学习电脑课了。
　　Diànnǎo kè zuì yǒu yìsi. Zhè xuéqī wǒ xuéxí diànnǎo kè le.
　　Computer class is most interesting. I attend computer class this semester.

(三) 开学了
The school starts

　　学校开学了。这学期有四门课：德语、中国历史、法国文学和电脑课。我的课都在上午。八点上课，十二点下课，中午我在学校餐厅吃饭。下午和晚上我经常去图书馆看书。我最喜欢中国历史课。中国有几千年的历史，有很多有意思的事。我很想了解中国，我打算学习汉语,我要看懂中文书。

The school has started. I have got four subjects this semester: German, Chinese history, French literature and Computer. All my classes are in the morning. My class begins at eight o'clock and ends at twelve o'clock in the morning. I have lunch in the school canteen. I often go to the library to read in the afernoon and at night. I like Chinese history class the most. China has a history of several thousand years with a lot of interesting stories. I want very much to know about China, so I intend to learn Chinese and understand Chinese books.

注释 Annotation

1. 下午没课　　*Xiàwǔ méi kè*

"没"是"没有"的省略式,口语中常用。

"*Méi* (no)" is the simplified form of "*méiyǒu*", usually used in colloquialism.

2. 早上、上午、中午、下午、晚上　　*Zǎo shàng, shàng wǔ, zhōng wǔ, xià wǔ, wǎn shàng*

是汉语中五个表示时间的名词,它们可以在主语前,也可以在主语后。

These are the five nouns indicating time in Chinese. They can be used both before and after the subject.

Examples:

{ 我上午有课。 I have classes in the morning.
{ 上午我有课。 In the morning, I have classes.

3. 快……了,快要……了,快……了,快要……了和要……了 *Kuài ⋯le, kuài yào ⋯le, kuài ⋯le, kuài yào ⋯le hé yào ⋯le?*

是汉语中三个表示动作将要发生的句型。都表示动作很快要发生。

These are the three structures to express actions that will happen.

Examples:

    要上课了。   Lessons are going to start.
    快吃饭了。   The meal is to be ready soon.
    快要开学了。 The school starts soon.

Exercises

1. 完成对话:

Complete the following dialogues:

(1) A：几点了?

    B：_____。

    A：我们几点有课?

    B：_____。

    A：走吧,要上课了。

　　　　B：＿＿＿＿＿＿＿＿＿＿＿＿。
（2）A：今天星期几？
　　　　B：＿＿＿＿＿＿＿＿＿＿＿＿。
　　　　A：我们有没有电脑课？
　　　　B：没有，＿＿＿＿＿＿＿＿＿。
　　　　A：我们有什么课？
　　　　B：＿＿＿＿＿＿＿＿＿＿＿＿。（中国历史、汉语）
（3）A：你每天都有课吗？
　　　　B：不，＿＿＿＿＿＿＿＿＿＿。
　　　　A：晚上你经常干什么？
　　　　B：＿＿＿＿＿＿＿＿＿＿＿＿。
　　　　A：还干什么？
　　　　B：＿＿＿＿＿＿＿＿＿＿＿＿。
（4）A：我们快要放假了吧？
　　　　B：是的，＿＿＿＿＿＿＿＿＿。
　　　　A：这学期你有几门课？
　　　　B：＿＿＿＿＿＿＿＿＿＿＿＿。
　　　　A：什么课最有意思？
　　　　B：＿＿＿＿＿＿＿＿＿＿＿＿。

2. 把下列词连成句子：
Join the following phrases into complete sentences:
（1）在　　餐厅　　我　　吃　　每天　　饭　　都
（2）打算　我　　学期　这　　电脑　　上　　课
（3）经常　听　　在　　他　　晚上　家　　音乐
（4）汉语课　我　　除了　喜欢　历史课　还

(5) 上　　课　　三个小时　　每天　　我　　上午
(6) 放假　　我们　　了　　快要　　学校
(7) 了解　　中国　　他　　想　　非常
(8) 一点儿　　历史　　课　　也　　意思　　没有

3. 选词填空：

Fill in the following blanks with the given words:

学期　　不错　　门　　　　中国历史
喜欢　　懂　　　有意思
便宜　　作品　　有的
了解　　餐厅　　历史　　常常

我（　）学习汉语。这（　）我有四（　）课：汉语、（　）、文学（　）和电脑课。我的课（　）在上午，有的在下午。中午我在（　）吃饭。餐厅的饭（　），很（　）。晚上我（　）去图书馆。我的汉语课很（　），中国有几千年的（　），我想（　）中国，我要看（　）中文书。

生词 New Words

1. 学期	xuéqī	(名)	semester, school term
2. 门	mén	(量)	*measure word*
3. 课	kè	(名)	class, lesson, subject

4. 小时	xiǎoshí	(名)	hour
5. 上午	shàngwǔ	(名)	morning
6. 图书馆	túshūguǎn	(名)	library
7. 电脑	diànnǎo	(名)	computer
8. 中午	zhōngwǔ	(名)	noon, midday
9. 吃	chī	(动)	besides, except
10. 饭	fàn	(名)	meals
11. 学校	xuéxiào	(名)	school
12. 餐厅	cāntīng	(名)	canteen
13. 快	kuài	(形)	fast, soon
14. 开学	kāi xué		start of school
15. 放假	fàng jià		on vacation

3 去动物园
Go to the zoo

Sentence Patterns

21. 劳驾,附近有没有公园?
    Láojià, fùjìn yǒu méiyǒu gōngyuán?
    Excuse me, is there any park nearby?

22. 附近只有动物园。
    Fùjìn zhǐ yǒu dòngwùyuán.
    There is only a zoo nearby.

23. 能告诉我怎么走吗?
    Néng gàosù wǒ zěnme zǒu ma?
    Would you please tell me how to get there?

24. 顺着这条马路一直往东(西)走。
    Shùnzhe zhètiáo mǎlù yìzhí wǎng dōng (xī) zǒu.
    Along this road all the way to the east (west).

25. 动物园在马路南(北)边。
    Dòngwùyuán zài mǎlù nán(běi)biān.
    The zoo is on the southern (northern) side of the road.

26. 对面是一个大商店。
    Duìmiàn shì yí ge dà shāngdiàn.

There is a big department store opposite.

27. 有多远？
    Yǒu duō yuǎn?
    How far is it?

28. 不太远，走十分钟就到。
    Bú tài yuǎn, zǒu shí fēnzhōng jiù dào.
    Not too far. It takes only ten minutes' walk.

29. 动物园很好玩。
    Dòngwùyuán hěn hǎo wánr.
    The zoo is very enjoyable.

30. 那儿有各种动物。
    Nàr yǒu gè zhǒng dòngwù.
    There are various kinds of animals.

课文
Text

(一)

A: 劳驾，请问附近有没有公园？
Láojià, qǐng wèn fùjìn yǒu méiyǒu gōngyuán?
Excuse me, could you please tell me if there is any park nearby?

B: 附近只有动物园。
Fùjìn zhǐ yǒu dòngwùyuán.
There is only a zoo nearby.

去 动 物 园

A: 能告诉我怎么走吗?
Néng gàosù wǒ zěnme zǒu ma?
Would you please tell me how to get there?

B: 顺着这条马路一直往东走。
Shùnzhe zhè tiáo mǎlù yìzhí wǎng dōng zǒu.
Along this road and walk all the way to the east.

A: 一直往东吗?
Yìzhí wǎng dōng ma?
All the way to the east?

B: 一直往东走,然后再往右拐。
Yìzhí wǎng dōng zǒu, ránhòu zài wàng yòu guǎi.
All the way to the east, then turn right.

A: 然后就到了?
Ránhòu jiù dào le?
Is it there then?

B: 是,动物园在马路南边。
Shì, dòngwùyuán zài mǎlù nán biān.
Yes, the zoo is on the southern side of the road.

A: 有多远?
Yǒu duō yuǎn?
How far is it?

B: 不太远,走一刻钟就到了。
Bú tài yuǎn, zǒu yí kè zhōng jiù dào le.
Not too far away. It is only fifteen minutes' walk.

A: 谢谢!
Xièxie!

Thank you!

B：不谢！
Bú xiè!
You are welcome.

(二)

A：今天天气真好,不冷也不热。
Jīntiān tiānqì zhēn hǎo, bù lěng yě bú rè.
The weather today is really nice, neither cold nor hot.

B：是啊,我们出去玩儿吧。
Shì a, wǒmen chūqù wánr ba?
Yes, let's go out and have some fun.

A：好,去哪儿玩儿?
Hǎo, qù nǎr wánr?
All right. Where can we go?

B：去动物园,怎么样?
Qù dòngwùyuán, zěnmeyàng?
How about to the zoo?

A：动物园我去过了,去别的公园吧!
Dòngwùyuán wǒ qù guò le, qù biéde gōngyuán ba!
I have been there before. Let's go to some other parks.

B：别的公园都太远了,还是动物园有意思。
Biéde gōngyuán dōu tài yuǎn le, háishì dòngwùyuán yǒu yìsi.
The other parks are too far away, and the zoo is more interesting.

A：你喜欢去动物园？
Ní xǐhuan qù dòngwùyuán?
Do you like the zoo?

B：动物园很好玩，有各种动物。我很喜欢看动物吃东西。
Dòngwùyuán hěn hǎowán, yǒu gè zhǒng dòngwù. wǒ hěn xǐhuan kàn dòngwù chī dōngxi.
The zoo is very interesting. It has got various kinds of animals. I like to watch animals feeding on food.

A：好，那我们去动物园。
Hǎo, nà wǒmen qù dòngwùyuán.
All right. Let's go to the zoo then.

(二) 动物园
The zoo

我们学校附近没有别的公园，只有动物园。动物园在我们学校的西边。顺着马路一直往西走就到了。动物园对面是一个大商店。星期六和星期天我们没有课，我和同学们经常一起去那儿玩。动物园不是很好玩，那儿只有各种动物。可是看动物吃东西是很有意思的事。

There are no parks near our school except the zoo. The zoo is to the west of our school. We would get there by walking all the way to the west along the road. There is a big store in the opposite. We have no classes on Saturday and Sunday. My classmates and I often go there to have some fun together. The zoo is not so interesting for it has only different kinds of animals. However, it is very interestin to watch animals feeding on food.

注释 Annotation

1. **有、是、在**　*Yǒu, shì, zài*

    这三个动词都表示存在。用"有、是"表示存在时,主语往往是表示方位的名词。用"在"表示存在时,主语经常是所叙述的人或事物。

    These three verbs all express existence. "*Yǒu*" and "*shì*" are usually used with subjects indicating location and direction. "*Zài*" is usually used with subjects indicating persons or objects.

Examples:

东边有一个图书馆　　There is a library on the east side.
对面是一个公园　　　There is a park in the opposite.
商店在学校旁边　　　The store is beside the school.
老师在餐厅　　　　　The teacher is in the canteen.

2. 有多远　　Yǒu duō yuǎn

"多"用在表示上限的形容词前,询问程度。

"*Duō*" is used before adjectives indicating limits to inquire about the degree.

Examples:

有多大　　　how big?
有多冷　　　how cold?
有多贵　　　how expensive?

3. 各种　　Gè zhǒng

"各"是一个代词,它常和量词"种"一起修饰名词。

"*Gè*" is a pronoun often used with measure word "*zhǒng*" to modify nouns.

Examples:

各种书　　　　all kinds of books
各种动物　　　all kinds of animals
各种商店　　　all kinds of stores

练习

Exercises

1. 完成对话：

   Complete the following dialogues:

   (1) A：劳驾。去银行怎么走？

   　　B：_____。

   　　A：有多远？

   　　B：_____。

   　　A：谢谢！

   　　B：_____。

   (2) A：请问，附近有银行吗？

   　　B：有，_____。

   　　A：请告诉我怎么走？

   　　B：_____（一直，商店）。

   　　A：商店在哪儿？

   　　B：_____。

   (3) A：你经常出去玩吗？

   　　B：_____。

   　　A：你经常去哪儿玩？

   　　B：_____。

   　　A：动物园好玩吗？

   　　B：_____。(可是)

   (4) A：_____？

   　　B：我经常出去买东西。

   　　A：_____？

B：我经常买牛奶、面包、橘子。
   A：_____？
   B：我和朋友一起去。

2. 选词填空：

   Choose the right word to fill in the following blanks:
   　　是　　有　　在
   (1) 学校（　　）动物园对面。
   (2) 银行旁边（　　）一个商店。
   (3) 那儿（　　）很多动物。
   (4) 飞机场（　　）东边。
   (5) 商店的旁边（　　）动物园。
   (6) 长城饭店（　　）马路左边。
   (7) 动物园的对面（　　）一个大商店。
   (8) 前面（　　）很多人。

3. 替换练习：

   Substitution exercises:
   (1) 飞机场有多远？

图书馆	大
外　面	冷
咖　啡	浓
橘　子	甜

(2) 图书馆有各种书。

动物园	动物
那儿	面包
老师家	茶
餐厅	啤酒

New Words

1. 劳驾 láojià (动) excuse me
2. 附近 fùjìn (名) nearby
3. 公园 gōngyuán (名) park
4. 只 zhǐ (副) only
5. 动物园 dòngwùyuán (名) zoo
6. 告诉 gàosù (动) tell
7. 顺着 shùnzhe (动) along
8. 条 tiáo (量) *measure word*
9. 东 dōng (名) east
10. 西 xī (名) west
11. 南 nán (名) south
12. 南边 nánbiān (名) southern side
13. 北 běi (名) north
14. 北边 běibiān (名) northern side
15. 对面 duìmiàn (名) opposite

16. 多少	duōshǎo	(副)	how (many)
17. 分钟	fēnzhōng	(名)	minute
18. 好玩	hǎowán	(形)	enjoyable, interesting, amusing
19. 各	gè	(代)	various, different
20. 动物	dòngwù	(名)	animal
21. 东西	dōngxi	(名)	things

生 日
Birthday

Sentence Patterns

31. 你每天早上几点起床？
    Nǐ měitiān zǎoshàng jǐ diǎn qǐchuáng?
    What time do you get up every morning?
32. 我每天早上六点三刻起床。
    Wǒ měitiān zǎoshàng liù diǎn sān kè qǐchuáng.
    I get up at a quarter to seven every morning.
33. 晚上一般十一点半睡觉。
    Wǎnshang yìbān shíyī diǎn bàn shuìjiào.
    I usually sleep at half past eleven at night.
34. 中午大约十二点半吃饭。
    Zhōngwǔ dàyuē shí'èr diǎn bàn chī fàn.
    I have lunch around half past twelve at noon.
35. 今天几号？
    Jīntiān jǐ hào?
    What's the date today?
36. 今天是八月二十五号。
    Jīntiān shì bā yuè èrshíwǔ hào.

Today is August 25th.

37. 他的生日是哪天?
    Tā de shēngrì shì nǎ tiān?
    When is his birthday?

38. 他的生日是五月二十七号。
    Tā de shēngrì shì wǔ yuè èrshíqī hào.
    His birthday is on May 27th.

39. 他是一九八五年五月三十日出生的。
    Tā shì yījiǔbāwǔ nián wǔ yuè sānshí rì chūshēng de.
    He was born on May 30th, 1985.

40. 他今年二十岁。
    Tā jīnnián èrshí suì.
    He is twenty years old this year.

课文
Text

(一)

A: 你每天早上几点起床?
Nǐ měitiān zǎoshàng jǐ diǎn qǐchuáng.
What time do you get up every morning?

B: 我每天早上六点三刻起床。
Wǒ měitiān zǎoshàng liù diǎn sān kè qǐchuáng.
I get up at a quarter to seven every morning.

A: 你起得很早,晚上几点钟睡觉?
Nǐ qǐ de hěn zǎo, wǎnshàng jǐ diǎnzhōng shuìjiào?

You get up so early. What time do you go to bed at night?

B：一般十一点半睡觉。

Yībān shíyī diǎn bàn shuìjiào.

I usually sleep at half past eleven.

A：中午休息吗？

Zhōngwǔ xiūxi ma?

Do you take a rest at noon?

B：中午没有时间休息。十二点半吃饭，一点半开始工作。

Zhōngwǔ méiyǒu shíjiān xiūxi. Shí'èr diǎn bàn chī fàn, yī diǎn bàn kāishǐ gōngzuò.

There is no time for a rest at noon, having lunch at half past twelve and the work continues at half past one p.m..

A：我喜欢中午休息一会儿。

Wǒ xǐhuān zhōngwǔ xiūxi yíhuìr.

I would like a short break at noon.

B：是睡午觉吗？

Shì shuì wǔjiào ma?

Is it an afternoon nap?

A：是，吃完中午饭，我要睡一会儿。

Shì, chī wán zhōngwǔ fàn, wǒ yào shuì yíhuìr.

Yes, I would have a nap after lunch.

B：睡多长时间？

Shuì duō cháng shíjiān?

How long do you nap then?

A：大约半个小时。
    Dàyuē bàn ge xiǎoshí.
    About half an hour.

B：我也喜欢吃完饭睡一会儿。不过是在星期天。
    Wǒ yě xǐhuān chī wán fàn shuì yíhuìr. Búguò shì zài xīngqītiān.
    I also like a nap after the meal, but it is only on Sunday.

(二)

A：你们学校快开学了吧？
    Nǐmen xuéxiào kuài kāi xué le ba?
    Is your school opening soon?

B：是，九月一号开学。
    Shì, jiǔ yuè yī hào kāi xué.
    Yes, it starts on September 1st.

A：今天是几号？
    Jīntiān shì jǐ hào?
    What's the date today?

B：今天是八月二十五号。
    Jīntiān shì bā yuè èrshíwǔ hào.
    It is August 25th.

A：一个学期有多长？
    Yí gè xuéqī yǒu duō cháng?
    How long does a semester last?

B：大约四个半月，十八个星期。
    Dàyuē sì gè bàn yuè, shíbā gè xīngqī.
    About four and a half months, eighteen weeks.

速成汉语

A: 太长了，一月才放假。
   Tài cháng le, yī yuè cái fàng jià.
   It is too long. The vacation will have to be waited till January.

B: 我们每年都是一月十几号才放假。
   Wǒmen měi nián dōu shì yī yuè shí jǐ hào cái fàng jià.
   Our vacation always starts around the tenth of January every year.

(二) 他二十岁
He is twenty years old

马学文是一九八五年五月三十日出生的。今天是五月二十五日，他的生日快要到了。他特别高兴，因为今年的五月三十日是他二十岁生日。那天是一个星期天，学校不上课。他打算先去参观一个博物馆，然后去公园玩，晚上请几位朋友去他家。他告诉朋友们，他家在学校附近，顺着马路一直往西走就到了。他七点钟在家等他们。

Ma Xuewen was born on May 30, 1985. It is May 25th today. His birthday is coming soon. He is especially happy because the 30th of May this year will be his twentieth birthday. It is on Sunday, and there is no class. He plans to go to visit the museum first, then go to the park to have some fun, and then invite a few friends to his place in the evening.

Hetells his friends his home is near the school and they would get there by walking along the road all the way to the west. He will wait for them at seven o'clock at home.

注释 Annotation

1. 月份表示法： **Indication of the months:**

一月	January	二月	February
三月	March	四月	April
五月	May	六月	June
七月	July	八月	August
九月	September	十月	October

2. 年份表示法： **Indication of year:**

1980 年	一九八零年	The year 1980
1905 年	一九零五年	The year 1905

1897年   一八九七年   The year 1897
2000年   二零零零年   The year 2000

3. 日期表示法： Indication of the date:

一日(号)   the first (1st)of
二日(号)   the second (2nd)of
⋮
十一日(号)   eleventh (11th)
十九日(号)   nineteenth (19th)
二十日(号)   twentieth (20th)
三十一日(号)   thirty-first(31th)

"号"用于口语。
"*Hào*" is used in colloquial Chinese.

4. 年、月、日连用   The joint usage of year, month and day

1993年8月15日，一九九三年八月十五日
Aug.15th, 1993

5. 才   *Cái*

副词"才"表示动作进行得慢、发生得晚。
Adverb "*cái*" indicates actions take place slowly and late.
Examples:

你为什么才做了三个练习？
Why have you done only three exercises?
他每天十点才起床。
He does not get up until ten o'clock everyday.

练习
Exercises

1. 替换练习：

Substitution exercises:

(1) 他的生日是 他的生日是<u>三</u>月<u>二十一</u>日号

一	十五
四	二
八	二十
二	三十一

(2) 今天是<u>七</u>月<u>十七</u>日、<u>星期二</u>。

二	十一	星期一
五	一	星期日
九	十九	星期六
十一	二十一	星期五

2. 读出下列日期：

Read out the following dates:

(1) 18 日　　2 月　　　　1956 年

(2) 10 月　　1 日　　　　1949 年

(3) 25 日　　1997 年　　　5 月

(4) 1992 年　星期五　　　2 号　　　10 月

(5) 星期四　1600 年　　　19 日　　　12 月

3. 选词填空:

Fill in the following blanks with the given words:

每个　　每天　　每星期　　每年　　每位　　每间

(1) 他(　　)七点起床。
(2) 我(　　)都去拜访老师。
(3) (　　)老师都会说英语。
(4) 我们(　　)都是一月放假。
(5) 他们(　　)有二十个小时课。
(6) (　　)房间都住满了。
(7) 他(　　)博物馆都去过。

生词　New Words

1. 起床	qǐchuáng	(动)		get up
2. 一般	yībān	(副)		normally, usually
3. 睡觉	shuìjiào	(动)		go to bed, sleep
4. 大约	dàyuē	(副)		about, approximately
5. 日	rì	(名)		day
6. 生日	shēngrì	(名)		birthday
7. 月	yuè	(名)		month
8. 出生	chūshēng	(动)		bear
9. 今年	jīnnián	(名)		this year
10. 岁	suì	(名)		year

11. 开始	kāishǐ	(动)	begin
12. 工作	gōngzuò	(名)	work
13. 完	wán	(动)	finish
14. 长	cháng	(形)	long
15. 才	cái	(副)	only
16. 不过	búguò	(连)	but
17. 请	qǐng	(动)	please
18. 马学文	Mǎ Xuéwén		Ma Xuewen

坐火车
Taking the train

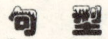

Sentence Patterns

41. 小姐，买一张火车票。
    Xiǎojiě, mǎi yì zhāng huǒchē piào.
    Miss, one ticket please.

42. 你买去哪儿的火车票？
    Nǐ mǎi qù nǎr de huǒchē piào?
    Where is your destination?

43. 你买哪天的火车票？
    Nǐ mǎi nǎ tiān de huǒchē piào?
    What is the date of the ticket you want?

44. 我买3月2号去上海的火车票。
    Wǒ mǎi sān yuè èr hào qù Shànghǎi de huǒchē piào.
    I want to buy a train ticket to Shanghai on March 2nd.

45. 25号的票都卖完了。
    Ershíwǔ hào de piào dōu mài wán le.
    Tickets for the 25th are all sold out.

46. 请你明天再来。
    Qǐng nǐ míngtiān zài lái.

Please come again tomorrow.

47. 每张票二百九十八块。
   Měi zhāng piào èr bǎi jiǔshíbā kuài.
   It costs two hundred and ninetyeight Yuan for each ticket.

48. 到上海要十二个小时。
   Dào Shànghǎi yào shí'èr gè xiǎoshí.
   It takes twelve hours to get to Shanghai.

49. 我喜欢坐火车旅行。
   Wǒ xǐhuān zuò huǒchē lǚxíng.
   I like traveling by train.

50. 我喜欢坐在火车上看风景。
   Wǒ xǐhuān zuò zài huǒchē shàng kàn fēngjǐng.
   I like enjoying scenery in the train.

课文 Text

(一)

A: 小姐,我买火车票。
   Xiǎojiě, wǒ mǎi huǒchē piào.
   Miss, I want to buy a train ticket.

B: 你买去哪儿的火车票?
   Nǐ mǎi qù nǎr de huǒchē piào?
   Where is your destination?

A: 我买去上海的火车票。
   Wǒ mǎi qù Shànghǎi de huǒchē piào.

I want a train ticket to Shanghai.

B：哪天的？
Nǎ tiān de?
On which day?

A：明天的。
Míngtiān de.
Tomorrow.

B：对不起，明天的火车票都卖完了。
Duìbùqǐ, míngtiān de huǒchē piào dōu mài wán le.
Sorry, the tickets for tomorrow are all sold out.

A：有后天的票吗？
Yǒu hòutiān de piào ma?
How about the day after tomorrow?

B：后天的票还有，你要几张？
Hòutiān de piào hái yǒu, nǐ yào jǐ zhāng?
There are still some for the day after tomorrow. How many do you want?

A：我要两张。
Wǒ yào liǎng zhāng.
I want two.

B：每张二百九十八块。
Měi zhāng èr bǎi jiǔshíbā kuài.
Two hundred and ninety-eight Yuan for each.

A：请等一会儿。
Qǐng děng yíhuì èr.
A moment, please.

B：你不买了吗？
　　Nǐ bù mǎi le ma?
　　Do you still want them?

A：不，我要买，可是我的钱不够。
　　Bù, wǒ yào mǎi, kěshì wǒ de qián bú gòu.
　　Yes, I want them, however, I do not have enough money.

B：那你明天再来吧。
　　Nà nǐ míngtiān zài lái ba.
　　Come again tomorrow then.

(二)

A：劳驾，有到上海的火车票吗？
　　Láojià, yǒu dào Shànghǎi de huǒchē piào ma?
　　Excuse me, is there any ticket to Shanghai?

B：有，你要哪一次的？
　　Yǒu, nǐ yào nǎ yí cì de?
　　Yes, which train do you want?

A：哪次车最快?
　　Nǎ cì chē zuì kuài?
　　Which train is the fastest?

B：十三次最快。
　　Shísān cì zuì kuài.
　　Train No.13 is the fastest.

A：到上海要几个小时?
　　Dào Shànghǎi yào jǐ gè xiǎoshí?
　　How long does it take to get to Shanghai?

B：大约十二个小时就到了。
　　Dàyuē shí'èr gè xiǎoshí jiù dào le.
　　It takes about twelve hours.

A：哪次车最舒服?
　　Nǎ cì chē zuì shūfu?
　　Which train is the most comfortable one?

B：也是十三次。
　　Yě shì shísān cì.
　　Train No.13 too.

A：好,我要一张。
　　Hǎo, wǒ yào yì zhāng.
　　All right. I want one for that train.

(二) 去上海旅行
To travel to Shangshai

学校快放假了,David 打算坐火车去上海旅行,因为他很喜欢坐火车,很喜欢坐在火车上看外面的风景。去上海的火车每天有很多次,他不知道哪次最好。他去问王红,王红告诉他,十三次车最好,因为十三次车最快,十二个小时就到上海了。可是十三次车的车票比较贵,每张要二百九十八块。David 喜欢快一点儿的车,他要坐十三次火车去上海。

The school vacation comes soon. David plans to travel to Shanghai by train, for he likes taking the train and enjoying scenery out of the windowin the train. There are so many trains to Shanghai everyday that he does not know which is the best. He goes to ask Wang Hong and she tells him that Train No.13 is the best because it is the fastest, getting to Shanghai in twelve hours. However, train tickets for Train No.13 is relatively expensive, each ticket is two hunderd and ninety-eight Yuan for each. David likes faster trains, so he will go to Shanghai by Train No. 13.

注释 Annotation

1. 坐火车旅行　　Zuò huǒ chē lǚ xíng

这是一个连动词组，第二个动词性成分 (旅行) 表示第一个动作 (坐火车) 的目的。

This is a phrase containing serial verbs in Chinese. The second verb (*lǚ xíng*) indicates the purpose of the first action (*zuò huǒchē*).

Examples:
去商店买东西　　to go to the store to buy things
去北京学汉语　　to go to Beijing to learn Chinese

2. 在火车上　　Zài huǒ chē shàng

"在……上"中间加名词后表示处所。

Nouns are inserted between the structure "*zài…shàng*" to indicate location.

Examples：
在书上　　　　　in the book
在马路上　　　　on the road
在汉语课上　　　during the Chinese class

练习 Exercises

1. 完成对话:

Complete the following dialogue:

(1) A：小姐，买一张票。
　　B：＿＿＿＿＿＿＿＿＿＿。
　　A：去北京的。
　　B：＿＿＿＿＿＿＿＿＿＿。
　　A：明天的。
　　B：＿＿＿＿＿＿＿＿＿＿。

(2) A：你喜欢坐火车吗？
　　B：＿＿＿＿＿＿＿＿＿＿。
　　A：为什么？
　　B：＿＿＿＿＿＿＿＿＿＿。
　　A：你经常坐火车旅行吗？
　　B：＿＿＿＿＿＿＿＿＿＿。

(3) A：你要买火车票吗？
　　B：＿＿＿＿＿＿＿＿＿＿。
　　A：哪一次的？
　　B：＿＿＿＿＿＿＿＿＿＿。
　　A：要几张？
　　B：＿＿＿＿＿＿＿＿＿＿。

(4) A：学校要放假了吧？
　　B：＿＿＿＿＿＿＿＿＿＿。
　　A：你打算去哪儿旅行？

B：_____。
A：坐火车去吗？
B：_____。

2. 翻译：
   Translation:
   (1) 早上　　上午　　中午　　下午　　晚上
   (2) 今天　　明天　　后天
   (3) 年　　　月　　　日　　　星期
   (4) 元　　　角　　　分
   (5) 东　　　西　　　南　　　北　　　左　　　右
   (6) 前边　　旁边　　对面
   (7) 那　　　那儿　　哪　　　哪儿

3. 连词造句：
   Join the following words into complete sentences:
   (1) 火车票　明天　卖完了　的　　都
   (2) 两张　　我　　去　　北京　要　　火车票　的
   (3) 喜欢　　我　　看　　风景　坐在火车外面的
   (4) 北京　　要　　到上海　小时　十二个
   (5) 放假了　快　　王红　学校　打算　旅行　坐火车

生词 New Words

1. 小姐　　xiǎojiě　　（名）　　Miss
2. 张　　　zhāng　　　（量）　　*measure word*
3. 火车　　huǒchē　　（名）　　train
4. 票　　　piào　　　（名）　　ticket
5. 卖　　　mài　　　　（动）　　sell
   卖完　　mài wán　　　　　　sell out
6. 明天　　míngtiān　（名）　　tomorrow
7. 来　　　lái　　　　（动）　　come
8. 百　　　bǎi　　　　（数）　　hundred
9. 旅行　　lǚxíng　　（动）　　travel
10. 上　　　shàng　　　　　　　in, on
    在……上　zài…shàng　　　　（*prepositional structure*）
11. 风景　　fēngjǐng　（名）　　scenery, view
12. 后天　　hòutiān　　（名）　　the day after tomorrow
13. 够　　　gòu　　　　（动）　　enough
14. 次　　　cì　　　　（量）　　*measure word*
15. 快　　　kuài　　　（副）　　fast
16. 上海　　Shànghǎi　　　　　Shanghai

# 饭店里住着各国客人

Guests from various countries in the hotel

Sentence Patterns

51. 中餐厅在一楼。
    Zhōngcāntīng zài yī lóu.
    The Chinese restaurant is on the first floor.

52. 西餐厅在二楼。
    Xīcāntīng zài èr lóu.
    The western restaurant is on the second floor.

53. 这儿的西餐怎么样?
    Zhèr de xīcān zěnmeyàng?
    How is the western food here?

54. 法国猪排和意大利面条都很有名。
    Fǎguó zhūpái hé Yìdàlì miàntiáo dōu hěn yǒumíng.
    Both the French pork chop and Italian spaghetti are very well known.

55. 房间里有冰箱和电视。
    Fángjiān lǐ yǒu bīngxiāng hé diànshì.
    There is a refrigerator and television in the room.

56. 房间里可以打国际电话。
    Fángjiān lǐ kěyǐ dǎ guójì diànhuà.
    International calls can be made in the room.

57. 房间里有洗衣服口袋。
    Fángjiān lǐ yǒu xǐ yīfu kǒudài.
    Laundry bags are available in the room.

58. 每天都可以洗衣服。
    Měitiān dōu kěyǐ xǐ yīfu.
    Laundry service is available every day.

59. 饭店里住着各国客人。
    Fàndiàn lǐ zhù zhe gè guó kèren.
    The hotel accommodates guests from all over the world.

60. 一边喝咖啡,一边听音乐。
    Yìbiān hē kāfēi, yìbiān tīng yīnyuè.
    Drinking coffee while enjoying the music.

课文 Text

(一)

A: 劳驾,我要一间双人房间。
   Láojià, wǒ yào yī jiān shuāng rén fángjiān.
   Excuse me, I want a double room.

B: 对不起,双人房间都住满了,您要单人房间吧。
   Duìbùqǐ, shuāng rén fángjiān dōu zhù mǎn le, nín yào dān rén fángjiān ba.

Sorry, double rooms are fully booked. Please take a single room.

A：单人房间里有冰箱和电视吗？
Dān rén fāngjiān lǐ yǒu bīngxiāng hé diànshì ma?
Are there refrigerator and television in the single room?

B：有，有冰箱，也有电视。
Yǒu, yǒu bīngxiāng, yě yǒu diànshì.
Yes, there are both refrigerator and television.

A：在房间里可以打国际电话吗？
Zài fāngjiān lǐ kěyǐ dǎ guójì diànhuà ma?
Can I make international calls in the room?

B：可以。
Kěyǐ.
Yes.

A：在哪儿洗衣服？
Zài nǎr xǐ yīfu?
Where can I get the laundry service?

B：房间里有衣服口袋，每天都可以洗。
Fāngjiān lǐ yǒu yīfu kǒudài, měi tiān dōu kě yǐ xǐ.
There are laundry bags in the room. The laundry service is available everyday.

A：单人房间多少钱一天？
Dān rén fāngjiān duō shǎo qián yī tiān?
How much is a single room per day?

B：每天二百二十元。
Měi tiān èr bǎi èrshí yuán.

饭店里住着各国客人

It costs two hundred and twenty dollars every day.

A：好，我要一间。

Hǎo, wǒ yào yì jiān.

All right, I take one.

B：请跟我走，您的房间在五楼。

Qǐng gēn wǒ zǒu, nín de fángjiān zài wǔ lóu.

Please follow me. Your room is on the fifth floor.

A：谢谢！

Xièxie!

Thank you!

(二)

A：请问，餐厅在哪儿？

Qǐng wèng, cāntīng zài nǎr?

May I ask where the restaurant is?

B：中餐厅还是西餐厅？

Zhōngcāntīng háishi xīcāntīng?

Is it a Chinese or western restaurant?

A：中餐厅。

Zhōngcāntīng.

A Chinese restaurant.

B：中餐厅在一楼。

Zhōngcāntīng zài yī lóu.

The Chinese restaurant is on the first floor.

A：这儿的西餐怎么样？

Zhèr dè xīcān zěnmeyàng?

How is the western restaurant here?

B：很不错,法国猪排和意大利面条都很有名。
Hěn búcuò, Fǎguó zhūpái hé Yìdàlì miàntiáo dōu hěn yǒumíng.
Very good, both the French pork chop and Italian spaghetti are very wellknown.

A：我要去试试,我很喜欢意大利面条。
wǒ yào qù shìshi, wǒ hěn xǐhuān Yìdàlì miàntiáo.
I want to try. I like Italian spaghetti very much.

B：西餐厅在二楼。
Xīcāntīng zài èr lóu.
The western restaurant is on the second floor.

(三) 北京饭店
Beijing Hotel

　　北京饭店是一个有名的饭店。饭店里住着各国客人,日本人、英国人、德国人、美国人、法国人、意大利人……哪国人都有。饭店里有中餐厅,也有西餐厅。中餐厅很不错。西餐厅也很好。在西餐厅,你可以吃到法国猪排和意大利面条。在饭店的二楼还有一个咖啡厅,在那儿喝咖啡很舒服。因为你可以一边喝咖啡,一边听音乐,那是一种很好的享受。

　　Beijing Hotel is a famous hotel. It accommadates guests from various countries: Japanese, English, German, American, French, Italian......, guests from all over the world. There are both Chinese and western restaurants in the hotel. The Chinese restaurant is very good, and so is the western restaurant where you can eat French pork chop and Italian spaghetti. There is a café on the second floor. It is comfortable to drink coffee there because you can drink coffee while listening to the music. It is a good enjoyment.

注释 Annotation

1. 房间里   *Fáng jiān lǐ*

"名词 + 里"表示处所,常作主语或宾语。

"Noun + *lǐ*" expresses locality, often used as subjects or objects.

Example:

房间里有很多人。　There are many people in the room.
我的钥匙在车里。　My key is in the car.

2. 着　　Zhe

"动词 + 着"表示动作正在持续。"着"常和"正"一起用,构成"正 + 动词 + 着 + 宾语"式。

"Verb+*zhe*" indicates the action is still going on. "*zhe*" is often used together with "*zhèng*" to form the pattern "*zhèng* + verb + *zhe* + object".

Example：

他正吃着饭。　　　He is eating.
外面正刮着大风。　It is blowing strong wind outside.

3. 一边……,一边……　　*Yì biān* …, *yì biān* …

表示两个动作同时发生。

This structure indicates that two actions take place at the same time.

Example:

一边吃饭,一边听音乐。
Eating while listening to music.
一边看电视,一边做练习。
Watching television while doing the exercises.

练习
Exercises

1. 用"一边……,一边……"把下列词组连成句子:
   Use "*yì biān* … , *yì biān* …" to join the following phrases into sentences:

   (1) 看书　　　　听音乐
   (2) 喝茶　　　　看电视
   (3) 喝咖啡　　　看书
   (4) 看风景　　　听音乐
   (5) 吃饭　　　　打电话
   (6) 洗衣服　　　学习生词

2. 用"××里"回答问题:
   Answer the following questions with "×× *lǐ*":

   (1) 房间里有什么人?
   (2) 饭店里住着什么人?
   (3) 这个商店里卖什么?
   (4) 西餐厅里有什么?
   (5) 图书馆里有什么?
   (6) 冰箱里有什么?

3. 用指定词回答问题:
   Answer the following questions with the given words:

   (1) 你去干什么?(打电话)
   (2) 晚上你想吃什么?(猪排)

(3) 西餐厅在哪儿？（没有）
(4) 面条怎么样？（不喜欢）
(5) 我的房间在几楼？（十）

New Words

1. 中餐厅	zhōngcāntīng	（名）	Chinese restaurant
2. 楼	lóu	（名）	floor
3. 西餐厅	xīcāntīng	（名）	western restaurant
4. 里	lǐ	（名）	in
5. 冰箱	bīngxiāng	（名）	refrigerator
6. 电视	diànshì	（名）	television
7. 打	dǎ	（动）	make (a call)
8. 国际	guójì	（名）	international
9. 电话	diànhuà	（名）	telephone
10. 洗	xǐ	（动）	wash
11. 衣服	yīfu	（名）	clothes
12. 口袋	kǒudài	（名）	pocket, bag
13. 这儿	zhèr	（代）	here
14. 猪排	zhūpái	（名）	pork chop
15. 面条	miàntiáo	（名）	spaghetti, noodle
16. 着	zhe	（助）	*particle*
17. 一边	yìbiān	（副）	

饭店里住着各国客人

18.	意大利	Yìdàlì	Italian
19.	日本人	Rìběnrén	Japanese
20.	法国人	Fǎguórén	French
21.	意大利人	Yìdàlìrén	Italian

7 你的家真漂亮

Your house is really beautiful

Sentence Patterns

61. 欢迎你们到我家来玩。
    Huānyín nǐmen dào wǒ jiā lái wánr.
    You are welcome to visit my home.

62. 这些水果送给您。
    Zhè xiē shuǐguǒ sònggěi nín.
    These fruits are for you.

63. 你的家真漂亮。
    Nǐ de jiā zhēn piàoliang.
    Your house is really pretty.

64. 你的家又漂亮又舒服。
    Nǐ de jiā yòu piàoliang yòu shūfu.
    Your house is pretty and comfortable as well.

65. 我一定经常来。
    Wǒ yídìng jīngcháng lái.
    I would surely come back for visits.

66. 请坐,喝点儿什么?
    Qǐng zuò, hē diǎnr shénme.

Please take a seat. What would you like to drink?

67. 随便，什么都行。
    Suíbiàn, shénme dōu xíng.
    It is all right. Anything would do.

68. 我饱了，不能再吃了。
    Wǒ bǎo le, bù néng zài chī le.
    I am full and can eat no more.

69. 时间不早了，我应该走了。
    Shíjiān bù zǎo le, wǒ yīnggāi zǒu le.
    It's late. I have to go.

70. 欢迎你经常来玩儿。
    Huānyíng nǐ jīngcháng lái wánr.
    You are welcome back for visits.

课文 Text

(一)

(到朋友家作客　To be guest at friend's home)

A: 欢迎你们到我家来玩。
　　Huānyíng nǐmen dào wǒ jiā lái wánr.
　　Welcome to my home.

B: 谢谢！这些水果和这瓶酒送给你。
　　Xièxiè! Zhèxiē shuǐguǒ hé zhè píng jiǔ sònggěi nǐ.
　　Thank you! These fruits and this bottle of wine are for you.

A：你太客气了！
　　Nǐ tài kèqì le!
　　Thank you.
B：你的家真漂亮！
　　Nǐ de jiā zhēn piàoliang!
　　Your house is really pretty!
A：是吗？谢谢！
　　Shì ma, xièxie!
　　Is it? Thank you!
B：是的，你的家又漂亮又舒服。
　　Shì de, nǐ de jiā yòu piàoliang yòu shūfu.
　　Yes, your house is pretty and comfortable as well.
A：欢迎你经常来玩。
　　Huānyíng nǐ jīngcháng lái wánr.
　　You are welcome to come back.
B：我一定经常来。
　　Wǒ yídìng jīngcháng lái.
　　I would surely come back for visits.
A：请坐，你喝点什么？
　　Qǐng zuò, nǐ hē diǎnr shénme?
　　Please take a seat. What would you like to drink?
B：随便，什么都行。
　　Suíbiàn, shénme dōu xíng.
　　It is all right. Anything would do.
A：喝一杯茶吧！
　　Hē yì bēi chá ba!

Have a cup of tea then!

B：好！
Hǎo!
All right!

(二)
(在朋友家吃饭　Dining at friend's home)

A：你喜欢吃饺子吗？
Nǐ xǐhuān chī jiǎozi ma?
Do you like dumplings?

B：很喜欢吃,中国饭里,我最喜欢吃饺子。
Hěn xǐhuān chī, Zhōngguó fàn lǐ, wǒ zuì xǐhuān chī jiǎozi.
I like it very much. Of all Chinese food, I like dumplings the most.

A：那你多吃一点儿。
Nà nǐ duō chī yìdiǎnr.
I have already eaten a lot.

B：我已经吃了很多了。
Wǒ yǐjīng chī le hěn duō le.
I have already eaten a lot.

A：再吃点儿别的。
Zài chī diǎnr biéde.
Please take something else.

B：我饱了,不能再吃了。
Wǒ bǎo le, bù néng zài chī le.

I am full and can eat nothing more.

A：吃点水果吧，橘子又大又甜。
Chī diǎnr shuǐguǒ bā, júzi yòu dà yòu tián.
Try some fruits then. The mandarin oranges are large and sweet.

B：好，我吃一个。
Hǎo, wǒ chī yí gè.
All right, I'd take one.

(二) 在朋友家
At a friend's home

今天是星期天，天气特别好，不冷也不热。下午我和马学文一起去朋友家玩。朋友家在动物园附近，不太远，我们走了一会儿就到了。我们在朋友家玩得很高兴。我们一起喝茶，一起弹钢琴，一起听音乐。大约七点钟，我们开始吃晚饭。我们一边喝啤酒，一边吃饺子。饺子特别香，真好吃。然后我们又吃了水果。晚上我们还看了特别有意思的电视。十点了，我对朋友说："时间不早了，我们该走了。"朋友说："欢迎你们经常来玩。"

It is Sunday today; the weather is particularly good, neither cold nor hot. Ma Xuewen and I go together to visit a friend. His home is near the zoo, not too far away. It took only a while to walk there. We had a good time at our friend's house. We drank tea, played the piano and listened to music together. The dinner began around seven o'clock. We drank beer while eating dumplings. The dumplings are tasty, really delicious. Later we had some fruits. In the evening we watched some particularly interesting TV programme.

When it was ten o'clock, I said to my friend, "It is late already, we have to go." Our friend said, "You are welcome to come back some day."

注释 Annotation

1. 又……又…… *Yòu…yòu…*

表示几种情况同时存在,"又"后经常加形容词。

This structure indicates the coexistence of several situations. "*Yòu*" is often followed by adjectives.

Examples:
  又大又甜 big and sweet as well
  又好又便宜 good (quality) and cheap as well

2. 下次 *Xià cì*

意思是"下一次",省略了"一","次"在这里是量词。

It means the next time ("*xià yí cì*"). "*Cì*" is a measureword in this case and "*yī*" is ommitted.

3. 多吃一点儿 *Duō chī yì diǎn*

"多"常加在动词前作状语,动词后边常用"一点儿"、"一些"、"一会儿"、"几个"。

"*Duō*" is often used before verbs as adverbial modifier. The verbs are often followed by phrases of "*yì diǎn*", "*yì xiē*", "*yí huìr*", "*jǐ gè*".

Examples:
  多等一会儿 to wait for another while
  多买一些 to buy some more
  多吃几个 to eat a few more

4. 已经　Yǐjīng

是用来表示动作完成的副词,常和"了"一起用。

It's an adverb used to express the completion of an action often used with "*le*".

Examples:
已经买了　　to have already bought
已经去过了　to have already been there

5. 该走了　Gāi zǒu le

"该"是"应该"的省略说法,口语中常用。

"*Gāi*" is the simplified form of "*yīnggāi*" commonly used in colloquial Chinese.

练习 Exercises

1. 用"又……又……"把下列词组成句子:
Use "*yòu … yòu …*" to join the following words into complete sentences:

(1) 贵　　　　不舒服
(2) 便宜　　　好
(3) 大　　　　甜
(4) 漂亮　　　舒服
(5) 快　　　　好

2. 替换练习：

Substitution exercises:

(1) 你的身体真好。

我	起床
老师	开始工作
学校	放假

(2) 他已经走了。

家	舒服
书	多
汉语	好

3. 选词填空：

Fill in the following blanks with the given phrases:

多买一些　　多等一会儿　　多吃一点儿　　多玩一会儿

(1) 今天的饺子很好吃,你(　　)。
(2) 你(　　),他就要来了。
(3) 天气真好,我们(　　)吧!
(4) 这种橘子很好吃,你(　　)吧!

4. 把下面的句子按顺序排列：

Arrange the following sentences in right order:

(1) 下午我和朋友一起到老师家玩儿。
(2) 我们送给老师一瓶酒和一些水果。
(3) 今天的天气特别好,不冷又不热。

(4) 老师的家很漂亮,又大又舒服。
(5) 我们在老师家玩得很高兴。
(6) 老师请我们喝茶,还请我们吃饺子。

生词 New Words

1. 些	xiē	(量)	measure word
一些	yìxiē	(名)	some
2. 水果	shuǐguǒ	(动)	fruits
3. 送	sòng	(动)	send, give
4. 给	gěi	(动)	give
送给	sònggěi		send, give
5. 真	zhēn	(副)	really
6. 漂亮	piàoliang	(形)	pretty
7. 又	yòu	(副)	as well, also
8. 一定	yídìng	(副)	surely, definitely
9. 坐	zuò	(动)	sit
10. 随便	suíbiàn	(形)	(colloquial) as you like
11. 饱	bǎo	(形)	fully fed
12. 饺子	jiǎozi	(名)	dumpling
13. 已经	yǐjīng	(副)	already
14. 好吃	hǎochī	(形)	tasty, delicious
15. 晚饭	wǎnfàn	(名)	dinner

 买衣服

Buying clothes

 Sentence Patterns

71. 这件衣服很漂亮。
    zhè jiàn yīfu hěn piàoliang.
    This dress is very pretty.

72. 绿颜色对你很合适。
    Lǜ yánsè duì nǐ hěn héshì.
    Green is your colour.

73. 我不喜欢红颜色的。
    Wǒ bù xǐhuān hóng yánsè de.
    I do not like dresses in red colour.

74. 这件是小号的。
    Zhè jiàn shì xiǎo hào de.
    This piece is small-sized.

75. 我应该穿中号的。
    Wǒ yīnggāi chuān zhōng hào de.
    My size is medium.

76. 这条裙子的颜色、样子都好看。
    Zhè tiáo qúnzi de yánsè, yàngzi dōu hǎokàn.
    Both the colour and pattern of this skirt are nice.
77. 这条裙子太短了!
    Zhè tiáo qúnzi tài duǎn le!
    This skirt is too short.
78. 我喜欢穿长一点的裙子。
    Wǒ xǐhuān chuān cháng yìdiǎnr de qúnzi.
    I would like the skirt to be a little longer.
79. 这条比那条长。
    Zhè tiáo bǐ nà tiáo cháng.
    This one is longer than that.
80. 有的太大,有的太小。
    Yǒu de tài dà, yǒu de tài xiǎo.
    Some are too big, some are too small.

课文
Text

(一) 在商店买衣服
To shop for clothes

A: 小王,这件衣服怎么样?
   Xiǎo Wáng, zhè jiàn yīfu zěnmeyàng?
   Xiao Wang, how about this dress?

B: 不错,多少钱?
Búcuò, duōshao qián?
Good, how much is it?

A: 五十二块八。
Wǔshíèr kuài bā.
Fifty-two Yuan and eight Jiao.

B: 又便宜又漂亮,你买一件吧!
Yòu piányi yòu piàoliang, nǐ mǎi yī jiàn ba!
It's cheap and pretty. Why not buy one?

A: 颜色怎么样?是绿色的。
Yánsè zěnmeyàng? Shì lǜsè de.
What is the colour? It is green.

B: 绿颜色对你很合适。
Lǜ yánsè duì nǐ hěn héshì.
Green is your colour.

A: 是吗?我试试。
Shì ma? Wǒ shìshi.
Is it? I would like to have a try.

B: 真漂亮,买吧!
Zhēn piàoliang, mǎi ba!
It is really pretty!

A: 这件是小号的,我穿有点儿小。
Zhè jiàn shì xiǎo hào de, wǒ chuān yǒu diǎnr xiǎo.
This one is the small size, a little bit too small for me.

B: 你试试中号的,中号的一定合适。
Nǐ shìshi zhōng hào de, zhōng hào de yídìng héshì.

买衣服

> Then please try the medium size, it must fit you.

A：中号的只有红颜色的，我不喜欢。
> Zhōng hào de zhǐ yǒu hóng yánsè de, wǒ bù xǐhuān.
> Medium size only got red colour, I do not like it.

B：你买衣服真麻烦。
> Nǐ mǎi yīfu zhēn máfan.
> You are such a trouble when shopping for dresses.

(二) 买裙子
Buying skirts

A：这两条裙子哪条好？
> Zhè liǎng tiáo qúnzi nǎ tiáo hǎo?
> Which of these two skirts is better?

B：我喜欢这条，颜色、样子都好看。
> Wǒ xǐhuān zhè tiáo, yánsè, yàngzi dōu hǎokàn.
> I like this one. Both the colour and the pattern look nice.

A：我不喜欢这条，这条裙子太短了。
> Wǒ bù xǐhuān zhè tiáo, zhè tiáo qúnzi tài duǎn le.
> I do not like this one. It's too short.

B：现在穿短裙子的人很多。
> Xiàn zài chuān duǎn qúnzi de rén hěn duō.
> Short skirts are popular nowadays.

A：我知道，可是我还是喜欢穿长一点儿的裙子。
> Wǒ zhīdào, kěshì wǒ háishì xǐhuān chuān cháng yìdiǎnr de qúnzi.

75

I know, however, I still prefer longer skirts.

B：这条比那条长,你喜欢这条吗?
Zhè tiáo bǐ nà tiáo cháng, nǐ xǐhuān zhè tiáo ma?
This one is longer than that one. Do you like it?

A：也不喜欢,颜色不好看。
Yě bù xǐhuān, yánsè bù hǎokàn.
I do not like the colour.

B：你喜欢什么颜色的衣服?
Nǐ xǐhuān shénme yánsè de yīfu?
What colours do you like?

A：我喜欢淡黄色的。
Wǒ xǐhuān dàn huángsè de.
I like light yellow.

(二) 买衣服
Shopping of clothes

小王喜欢买衣服,特别喜欢买便宜衣服。每个星期天她都去商店,看见便宜的衣服就买。她家里有很多衣服,可是合适的衣服不多。有的太大,有的太小,有的太长,有的太短。有的颜色不好看,有的样子不好看。现在小王明白了,买便宜的衣服没有好处。她打算卖掉一些旧衣服,然后去买合适的新衣服。

Xiao Wang enjoys buying clothes, especially cheap clothes. She goes for shopping every Sunday and would buy cheap clothes whenever she sees them. She has a lot of clothes at home, however, not so many are suitable for her. Some are too large, some too small, some too long or too short. Some have problems with colours and some with designs. Now she understands that it does no good to buy cheap clothes. So she plans to sell some old dresses and buy new suitable ones.

注释 Annotation

1. 这条比那条长　　Zhè tiáo bǐ nà tiáo cháng

"A 比 B + 形容词"是最常用的一种表示比较的句式。

"A *bǐ* B + adjective" is the most commonly used structure to express comparison.

Examples:

这件比那件大　　　　This one is larger than that one.

这本书比那本书贵　　This book is more expensive than that one.

他比我努力　　　　　He works harder than I do.

2. 有的……,有的……　　Yǒu de …, yǒu de

几个"有的"连用,表示人或事物中的一部分。

"*Yǒu de*" can be used individually or jointly to express part of a group of people or some of the mentioned objects.

Examples:

有的在看书,有的在做练习

Some (people) are reading and some are doing exercises.

有的大,有的小

Some are big and some aea rsmall.

3. 红色　　*Hóngsè*

"色"是"颜色"的省略,其他如:"绿色、黄色"。

"*Sè*" is the simplified form of "*yán sè*" (colour),
other examples: "*lǜ sè*"(green), "*huáng sè*" (yellow).

练习 Exercises

1. 在下列句子里填上合适的词：

Fill in the blanks with appropriate words:

(1) 这杯咖啡比那杯咖啡(　　　　)。

(2) 这本书比那本书(　　　　)。

(3) 这件衣服比那件衣服(　　　　)。

(4) 这条裙子比那条裙子(　　　　)。

(5) 听音乐比做作业(　　　　)。

(6) 饺子比面条(　　　　)。

2. 用"有的……有的……"把下列词组连成句子：

Use "*yǒu de…yǒu de…*" to join the following phrases into complete sentences:

(1) 这些衣服　　太长　　　　太短

(2) 这些房间　　太大　　　　太小

(3) 朋友们　　　喜欢喝红茶　　　喜欢喝绿茶
(4) 客人们　　　吃饺子　　　　吃面条
(5) 同学们　　　听现代音乐　　听古典音乐
(6) 我们　　　　吃中餐　　　　吃西餐

3. 翻译：
Translation:

(1) 红　　　　绿　　　　黄
(2) 大号　　　中号　　　小号
(3) 好玩　　　好吃　　　好看
(4) 长　　　　短　　　　大　　　小　　　新　　　旧

New Words

1. 件　　　jiàn　　　　　（量）　　piece
2. 颜色　　yánsè　　　　（名）　　colour
3. 小　　　xiǎo　　　　　（形）　　small
4. 穿　　　chuān　　　　（动）　　take on, wear
5. 中(号)　zhōng(hào)　 （名）　　medium(size)
6. 裙子　　qúnzi　　　　 （名）　　skirt
7. 样子　　yàngzi　　　　（名）　　looking, design
8. 好看　　hǎokàn　　　　（形）　　nice-looking
9. 短　　　duǎn　　　　　（形）　　short
10. 比　　 bǐ　　　　　　（动）　　compare

11. 有的	yǒude	（代）	some
12. 黄	huáng	（形）	yellow
13. 卖掉	màidiào	（动）	sell
14. 旧	jiù	（形）	old
15. 新	xīn	（形）	new
16. 小王	Xiǎo Wáng		Xiao Wang

春天到了

Spring is here

Sentence Patterns

81. 春天到了。
    Chūntiān dào le.
    Spring is here.

82. 你最喜欢哪个季节？
    Nǐ zuì xǐhuān nǎ gè jìjié?
    Which season do you like best?

83. 天气渐渐暖和了。
    Tiānqì jiànjiàn nuǎnhuo le.
    The weather is getting warmer.

84. 各种花都开了。
    Gè zhǒng huā dōu kāi le.
    Various kinds of plants are in bloom.

85. 树变成了绿色。
    Shù biànchéng le lǜsè.
    The trees turn green.

86. 风是够大的！
    Fēng shì gòu dà de!

The wind is really strong!

87. 阳光很温和。
    Yáng guāng hěn wēnhé.
    The sunshine is mild.

88. 秋天是旅游的好季节。
    Qiūtiān shì lǚyóu de hǎo jìjié.
    Autumn is a good season for travelling.

89. 气温不高也不低。
    Qìwēn bù gāo yě bù dī.
    The temperature is neither high nor low.

90. 今天是十八度。
    Jīntiān shì shíbā dù.
    It is eighteen centigrade today.

课文
Text

(一)

(两位朋友在聊天 Two friends are chatting)

A: 一年有四个季节,你最喜欢哪个季节?
   Yì nián yǒu sì gè jìjié, nǐ zuì xǐhuān nǎ gè jìjié?
   Among the four seasons of a year, which one do you like best?

B: 我最喜欢春天。
   Wǒ zuì xǐhuān chūntiān.

I like spring the best.

A：为什么？
Wèi shénme?
Why?

B：因为春天天气渐渐暖和了，各种花都开了，很漂亮。
Yīnwèi chūntiān tiānqì jiànjiàn nuǎnhuo le, gè zhǒng huā dōu kāi le, hěn piàoliang.
Because the weather turns warmer gradually in spring. There are blooms of all kinds. It is very pretty.

A：春天经常刮风，风还特别大，我不喜欢春天。
Chūntiān jīngcháng guā fēng, fēng hái tèbié dà, wǒ bù xǐhuān chūntiān.
It is often windy in spring and the wind is especially strong. I do not like spring.

B：风是够大的，不过，刮风的时间不长。
Fēng shì gòu dà de, búguò, guā fēng de shíjiān bù cháng.
The wind is indeed strong, however, it usually does not last long.

A：我喜欢秋天。
Wǒ xǐhuān qiūtiān.
I like autumn.

B：秋天不刮风吗？
Qiūtiān bù guā fēng ma?
Isn't it windy in autumn?

A：秋天也刮风，可是秋天的风比春天少。
Qiūtiān yě guā fēng, kěshì qiūtiān de fēng bǐ chūntiān shǎo.
It is also windy, but not as frequent as in spring.

B：秋天天气渐渐冷了，也没有花了。
Qiūtiān tiānqì jiànjiàn lěng le, yě méiyǒu huā le.
It turns cold gradually in autumn. There are no flowers left.

A：可是秋天阳光很温和，气温不高也不低，是旅游的好季节。
Kěshì qiūtiān yángguāng hěn wēnhé, qìwēn bù gāo yě bù dī, shì lǚyóu de hǎo jìjié.
However the sunshine of autumn is warm and mild. The temperature is neither high nor low. It is a good season for travelling.

(二)

A：今天气温多少度？
Jīntiān qìwēn duōshao dù?
What is the temperature today?

B：十八度。
Shíbā dù.
18°C.

A：昨天是二十二度，今天比昨天冷一点儿。
Zuótiān shì èrshí'èr dù, jīntiān bǐ zuótiān lěng yìdiǎnr.
It was 22°C yesterday, so today is colder than yesterday.

B：是的，昨天晚上下雨了。
Shìde, zuótiān wǎnshàng xià yǔ le.

Yes, it rained last night.

A：雨下得大吗？
Yǔ xià de dà ma?
Did it rain hard?

B：够大的。
Gòu dà de.
It was heavy indeed.

A：今年秋天的雨水真多。
Jīnnián qiūtiān de yǔshuǐ zhēn duō.
We have a lot of rainfall this autumn.

B：是够多的。今天外边比较冷，你多穿一点儿衣服。
Shì gòu duō de. Jīntiān wàibiān bǐjiǎo lěng, nǐ duō chuān yìdiǎnr yīfu.
Yes indeed. It is fairly cold outside today. Put on more clothes.

A：好，谢谢！
Hǎo, xièxie!
All right. Thank you!

（二）春天到了
Spring is here

春天到了，天气渐渐暖和了。公园里，各种花都开了，红的、绿的、黄的……真好看。马路旁边的树也变成了绿色。太阳很好，阳光很温和，气温不高也不低，真是旅游的好季节。

孩子们非常高兴,他们穿着漂亮的衣服出去玩,有的在公园里看花,有的去参观博物馆,有的去动物园看动物,还有的去书店买有意义的书……。他们喜欢春天,他们在春天里玩得高兴极了。

Spring is here. The weather is getting warmer gradually. There are all kinds of blooms in the park, red ones, green ones, yellow ones..., really nice looking. The trees on the roadside trun green too. The sun is shining and the sunshine is mild. The temperature is neither high nor low. It is really a good season for travelling. The children are very happy. They are dressed nicely and go outdoors. Some go to enjoy flowers in the park, some go to visit the museum and some go to the zoo to see the animals, and the others go to bookstores for interesting books. They like spring. They are very happy in spring.

注 释
Annotation

1. 够大的　　Gòu dà de

"够……的"中间加形容词,表示程度比较高,多用于口语。

Adjectives are inserted in the structure "gòu … de" to express the degree or level is fairly high. It often appears in colloquial Chinese.

Examples:

够冷的	fairly cold
够便宜的	fairly cheap
够舒服的	fairly comfortable

2. 不过　　Bú guò

"不过"的意思与"可是"相同,但是程度比"可是"轻,且多用于口语。

The meaning of "bú guò" is similar to that of "kě shi", but the former suggests a tone of lighter degree than the latter. It's usually used in oral Chinese.

练习 Exercises

1. 选词填空:

Choose the right word to fill in the following blanks:

够热的　　够长的　　够大的
够漂亮的　　够贵的　　够舒服的

(1) 这条裙子(　　　)。
(2) 昨天晚上的雨(　　　)。
(3) 你的家真(　　　)。
(4) 这本书真(　　　)。
(5) 今天的天气(　　　)。
(6) 这间房间(　　　)。

2. 完成对话:

Complete the following dialogues:

(1) A:外面天气怎么样?
　　B:_____。
　　A:风大吗?
　　B:_____。
　　A:冷不冷?
　　B:_____。
(2) A:今天多少度?
　　B:_____。
　　A:够冷的。
　　B:_____。

A：我们不要去公园了。
　　　B：_____。
(3) A：你喜欢哪个季节？
　　　B：_____。
　　　A：为什么？
　　　B：_____。
　　　A：我不喜欢。风太大。
　　　B：_____。
(4) A：公园里的花开了吗？
　　　B：_____。
　　　A：好看吗？
　　　B：_____。
　　　A：树呢？
　　　B：_____。

3. 回答问题：

   Answer the following questions:
   (1) 一年有几个季节？
   (2) 你最喜欢哪个季节？为什么？
   (3) 今天气温多少度？
   (4) 外面冷不冷？下雨了吗？
   (5) 北京的春天是不是经常刮风？
   (6) 今天是比昨天冷一点儿吗？

生词 New Words

1. 春天	chūntiān	(名)	spring
2. 季节	jìjié	(名)	season
3. 渐渐	jiànjiàn	(副)	gradually
4. 暖和	nuǎnhuo	(形)	warm
5. 开	kāi	(动)	open, bloom
6. 树	shù	(名)	tree
7. 变成	biànchéng	(动)	turn
8. 够	gòu	(形)	fairly, enough
9. 阳光	yángguāng	(名)	sunshine
10. 温和	wēnhé	(形)	mild, moderate
11. 秋天	qiūtiān	(名)	autumn
12. 旅游	lǚyóu	(名)	travel
13. 气温	qìwēn	(名)	temperature
14. 高	gāo	(形)	high
15. 低	dī	(形)	low
16. 度	dù	(名)	centigrade
17. 孩子	háizi	(名)	child
18. 雨水	yǔshuǐ	(名)	rainwater, rainfall, rain
19. 书店	shūdiàn	(名)	bookstore

吃药和锻炼
Taking medicine and exercises

Sentence Patterns

91. 我有点儿咳嗽。
    Wǒ yǒu diǎr késou.
    I have got a slight cough.
92. 量量体温吧!
    Liángliang tǐwēn ba!
    Let's take your temperature then!
93. 他发烧了,三十八度五。
    Tā fāshāo le, sānshíbā dù wǔ.
    He has a fever, 38.5 °C.
94. 不要紧,吃点儿药就好了。
    Bú yàojǐn, chī diǎnr yào jiù hǎo le.
    It is not so serious. He would be fine after taking some medicine.
95. 他最近身体一直不好。
    Tā zuìjìn shēntǐ yìzhí bù hǎo.
    He has been in bad conditions recently.

96. 去医院看看病吧!
    Qù yīyuàn kànkàn bìng ba!
    Go to see a doctor then!

97. 工作比较忙,太累了。
    Gōngzuò bǐjiào máng, tài lèi le.
    I am busy with the work and feel very tired.

98. 你要注意早点儿休息。
    Nǐ yào zhùyì zǎo diǎnr xiūxi.
    You should take a rest.

99. 怎么才能保持身体健康?
    Zěnme cái néng bǎochí shēntǐ jiànkāng?
    How can one keep good health?

100. 保持精神愉快,不要生气。
     Bǎochí jīngshén yúkuài, bù yào shēngqì.
     Keep in good mood, and avoid anger.

课文
Text

(一) 在医院
In the hospital

A：你哪儿不舒服?
   Nǐ nǎr bù shūfu?
   What's wrong with you?

B：我感冒了，头很疼。
Wǒ gǎnmào le, tóu hěn téng.
I have got a flu, and a serious headache.

A：咳嗽吗？
Késòu ma?
Do you have a cough?

B：有一点儿。
Yǒu yìdiǎnr.
A little bit.

A：几天了？
Jǐ tiān le?
How long has it been like this?

B：两天了。
Liǎng tiān le.
Two days already.

A：量过体温吗？
Liáng guò tǐwēn ma?
Have you taken your temperature?

B：量了，我不发烧，三十六度五。
Liáng le, wǒ bù fāshāo, sānshíliù dù wǔ.
Yes, I do not have a fever, 36.5 °C.

A：不要紧，吃点儿药就好了。
Bú yàojǐn, chī diǎnr yào jiù hǎo le.
It does not matter much. You would be all right after taking some medicine.

B：中药还是西药？
　　Zhōngyào háishì xīyào?
　　Is it Chinese medicine or western medicine?

A：吃中药吧，中药比较温和。
　　Chī zhōngyào ba, zhōngyào bǐjiào wēnhé.
　　Take Chinese medicine then. Chinese medicine is mild.

B：好，谢谢！
　　Hǎo, xièxie!
　　All right. Thank you!

A：你还要多喝水，多吃水果。
　　Nǐ hái yào duō hē shuǐ, duō chī shuǐguǒ.
　　You should drink more water and eat more fruits.

B：我知道了。
　　Wǒ zhīdào le.
　　I see.

(二) 在办公室谈话
A conv.ice

A：我最近身体一直不好。
　　Wǒ zuìjìn shēntǐ yìzhí bù hǎo.
　　I have been in bad conditions recently.

B：怎么不好？
　　Zěnme bù hǎo?
　　What's wrong?

吃药和锻炼

A：不想吃饭,睡觉也不好。
　　Bù xiǎng chī fàn, shuìjiào yě bù hǎo.
　　I do not feel like eating and cannot sleep well, either.

B：是不是工作太累了?
　　Shì bù shì gōngzuò tài lèi le?
　　Does the work make you tired?

A：最近比较忙,每天晚上十二点才能睡觉。
　　Zuìjìn bǐjiào máng, měi tiān wǎnshàng shí'èr diǎn cái néng shuìjiào.
　　I am busy recently, and cannot go to bed till 12 o'clock at night.

B：你要注意早点儿休息。
　　Nǐ yào zhùyī zǎo diǎnr xiūxi.
　　You should go to bed earlier.

A：我一定注意。
　　Wǒ yídìng zhùyì.
　　I would definitely try.

B：再去医院看看病,吃点儿药。
　　Zài qù yīyuàn kànkan bìng, chī diǎnr yào.
　　Go to the hospital to see a doctor and take some medicine.

A：我不喜欢吃药,注意休息就行了。
　　Wǒ bù xǐhuān chī yào, zhùyì xiūxi jiù xíng le.
　　I do not like taking medicine. I will be fine with more rest.

(二) 保持身体健康
To keep in good health

怎么才能保持身体健康?我的办法是,第一,天气冷了,多穿衣服,天气热了,少穿衣服。第二,多喝水,多吃水果,少喝酒,少吃药。第三,工作不能太累,注意休息。第四,经常出去玩,或者去公园,或者参观博物馆,或者和朋友一起吃饭,或者……。第五,保持精神愉快,不要生气。

我的朋友对我说,还应该经常锻炼身体。可是我不锻炼身体,身体也非常好,什么病也没有。

How can we keep in good health? I offer my own methods here. Firstly, put on more clothes when it turns cold and less clothes when it is hot. Secondly, more drinking of water and fruits, less alcohol and medicine. Thirdly, do not work too much to get tired; paying attention to good rest. Fourthly, going outdoors to the park, the museum, or dining with friends, and etc. Fifthly, keep in pleasant mood and avoid anger. My friends tell me that I shall do more exercises to build up my body, but I am strong and have no illness at all even without physical excercises.

注释 Annotation

1. 一直 Yì zhí

有两个意思，一个表示方向，另一个意思表示时间，从过去某一时间到现在。

It has two meanings. One indicates direction and the other indicates time, the complete duration from the past to the present.

Examples:

一直往东走

all the way /straight towards the east

他一直学习汉语。

He has been learning Chinese.

他晚上一直听音乐。

He has been listening to music all the night.

2. 早点儿休息   Zǎo diǎnr xiū xi

"早点儿"是"早一点儿"的省略。"早、晚、快、慢"都可以和"点儿"一起用，后面再加上动词，表示动作发生得"早、晚、快、慢"。

It is the simplified form of "*zǎo yī diǎnr xiū xi*." "*Zǎo*", "*wǎn*", "*kuài*" and "*màn*" (early, late, quick, slow) can be used together with "*diǎnr*" (a bit). Verbs are added after it to express the status of actions which is "early, late, quick, slow".

Examples:

早点儿走　　　　　go earlier
晚点儿去　　　　　go later

3. 或者　　Huòzhě

"或者"是表示选择的连词,用在陈述句里。可以单独使用,也可以几个连用。

"*Huòzhě*" is a conjunction to indicate choices in a statement. It can be used either independently or jointly.

Examples:

单用：你去或者我去都可以。

Independently: It is all right whether you or I go.

连用：或者红的,或者绿的,我都喜欢。

Jointly: I like it whether it is red or green.

练习 Exercises

1. 词语搭配：

Match the words in the two groups:

量　　　　　看病
锻练　　　　健康
去医院　　　休息
注意　　　　体温
保持　　　　身体

2. 把下列词连成句子：

Connect the following words into complete sentences:

(1) 他　　不好　　身体　　一直

(2) 发烧　他　应该　一直　医院　去　看病

(3) 附近　住在　一直　他　学校

(4) 往东走　去　一直　动物园　应该

(5) 上午　在　一直　图书馆　他　看书

3. 完成对话：

Complete the following dialogues:

(1) A：你的脸很红，发烧了吧？

　　B：_____。

　　A：是感冒吗？

　　B：_____。

　　A：去医院看看病吧？

　　B：_____。

(2) A：我头有点儿痛，感冒了。

　　B：_____。

　　A：我不发烧。

　　B：_____。

　　A：多喝水，注意休息，再吃点儿药。

　　B：_____。

4. 替换练习：

Substitution exercises:

(1) 你早点儿起床？

晚	睡觉
快	吃
慢	喝

(2) 他应该慢点儿说。

早	去医院
快	去打电话
晚	再洗衣服

New Words

1. 咳嗽	késou	（动）	cough
2. 量	liáng	（动）	measure
3. 体温	tǐwēn	（名）	body temperature
4. 发烧	fāshāo	（动）	to have a fever
5. 要紧	yàojǐn	（形）	serious
6. 药	yào	（名）	medicine
中药	zhōngyào	（名）	Chinese medicine
西药	xīyào	（名）	Western medicine

吃药和锻炼

7. 最近	zuìjìn	（副）	recently
8. 比较	bǐjiào	（副）	rather
9. 忙	máng	（形）	busy
10. 累	lèi	（形）	tired
11. 注意	zhùyì	（动）	pay attention
12. 保持	bǎochí	（动）	maintain
13. 精神	jīngshén	（名）	spirit
14. 愉快	yúkuài	（形）	pleasant, happy
15. 生气	shēngqì	（形）	angry
16. 水	shuǐ	（名）	water
17. 办法	bànfǎ	（名）	ways, means
18. 或者	huòzhě	（连）	or
19. 锻炼	duànliàn	（动）	to exercise, to build up

点　菜
Food ordering

Sentence Patterns

101. 您吃点儿什么？这是菜单。
    Nín chī diǎnr shénme? Zhè shì càidān.
    What would you like to eat? This is the menu.

102. 这里什么最有名？
    Zhèlǐ shénme zuì yǒumíng?
    What is the most famous here?

103. 味道怎么样？
    Wèidào zěnmeyàng?
    How is the taste?

104. 辣子鸡丁和麻辣豆腐都不错。
    Làzǐjīdīng hé málàdòufu dōu búcuò.
    Both the chicken with chilli and spicy beancurd are good.

105. 我最喜欢吃鱼和素菜。
    Wǒ zuì xǐhuan chī yú hé sùcài.
    I like fish and vegetarian dish the best.

106. 我不能吃辣的。
    Wǒ bù néng chī là de.

I do not eat spicy food.

107. 请给我一碗米饭。
Qǐng gěi wǒ yì wǎn mǐfàn.
Please give me a bowl of rice.

108. 这碗鸡蛋汤有点儿咸。
Zhè wǎn jīdàn tāng yǒu diǎnr xián.
The egg soup is slightly salty.

109. 请等一会儿,马上就好。
Qǐng děng yíhuìr, mǎshàng jiù hǎo.
Please wait for a while. It would be ready soon.

110. 客人比较多,没有坐位了。
Kèrén bǐjiào duō, méiyǒu zuòwèi le.
There are many customers. No more seats available.

课文 Text

(一) 在饭店点菜
Ordering food in the restaurant

A: 您吃点儿什么?这是菜单。
Nín chī diǎnr shénme? Zhè shì càidān.
What would you like to eat? This is the menu.

B: 这里什么菜最有名?
Zhèlǐ shéme cài zuì yǒumíng?
What is the most famous here?

A：辣子鸡丁和麻辣豆腐都不错。
Làzǐjīdīng hé máládòufu dōu búcuò.
Both chicken with chilli and spicy beancurd are good.

B：我喜欢吃豆腐，可是不能吃辣的。
Wǒ xǐhuān chī dòufu, kěshì bù néng chī là de.
I like beancurd, but not spicy.

A：那您吃糖醋鱼吧，也很好。
Nà nín chī tángcùyú ba, yě hěn hǎo.
Then you can try sweet sour fish, also very good.

B：好，我喜欢吃鱼。
Hǎo, wǒ xǐhuan chī yú.
All right. I like fish.

A：还要别的吗？
Hái yào biéde ma?
Anything else?

B：还要一个素菜。
Hái yào yí gè sùcài.
And a vegetarian dish.

A：喝什么？
Hē shénme?
What would you like to drink?

B：一杯橘子水。
Yī bēi júzi shuǐ.
A glass of mandarine orange juice.

A：要汤吗？
Yào tāng mā?
Any soup?

B：一碗鸡蛋汤，再要一碗米饭。
Yì wǎn jīdàn tāng, zài yào yì wǎn mǐfàn.
Egg soup and a bowl of rice.

A：请等一会，马上就好。
Qǐng děng yíhuì, mǎshàng jiù hǎo.
Please wait for a while. They would be ready soon.

B：谢谢！
Xièxie!
Thank you.

(二)

A：鱼的味道怎么样？
Yú de wèidào zěnmeyàng?
How is the taste of the fish?

B：又甜又酸，味道很好。
Yòu tián yòu suān, wèidào hěn hǎo.
It is sweet and sour, tasty.

A：汤的味道好不好？
Tāng de wèidào hǎo bù hǎo?
Is the taste of the soup good?

B：汤有点儿咸了。
Tāng yǒu diǎnr xián le.
The soup is slightly salty.

A：真对不起,请原谅。
Zhēn duìbùqǐ, qǐng yuánliàng.
I am really sorry for that.

B：没什么!
Méi shénme.
It is all right

A：欢迎您下次再来!
Huānyíng nín xià cì zài lái!
Hope to see you again.

(三) 四川饭店
Sichuan Hotel

我喜欢吃辣的,经常去四川饭店吃饭。四川饭店的菜都辣极了,特别是辣子鸡丁和麻辣豆腐,是两个有名的辣菜,又辣又香,味道好极了。还有那儿的鱼,也是辣的,味道也不错。

四川饭店的客人比较多,经常没有坐位,需要等一会,那儿的菜也比别的饭店贵。可是,我还是喜欢去那儿。我喜欢一边喝酒,一边吃菜,一边听音乐,真是舒服极了。

I like spicy food and often dine in Sichuan Hotel. The

dishes in Sichuan Hotel are extremely spicy, particularly chicken with chilli and spicy beancurd. These are the two well-known dishes. They are spicy and tasty. The fish is spicy too, also delicious. Sichuan Hotel is so popular with customers that seats are often not available. You need to wait before getting a seat there. The food there is also more expensive than other restaurants, but I still like to go there to dine. I enjoy drinking and eating while listening to the music. It is really comfortable.

注释 Annotation

1. 这里　　Zhèlǐ

"这里"和"这儿"的意思基本相同。同样"那儿"也可以说成"那里"。

"Zhè lǐ" and "zhèr" have the same meaning. Similarly, "nàr" can also be said as "nà lǐ".

2. 不能吃辣的　　Bù néng chī là de

"辣的"是指"辣的菜",其他如"酸的"、"甜的"、"咸的"。

"Là de" means spicy dish, other examples are "suān de" (sour), "tián de" (sweet), "xián de" (salty).

3. 马上就好　　Mǎshàng jiù hǎo

"马上"和"就"经常在一起用,强调情况就要发生。

"Mǎ shàng" and "jiù" are often used together to emphasize

something is going to take place soon.

Examples:

马上就要下雨了。　　It is going to rain immediately.

(我)马上就来。　　　(I) am coming immediately.

4. 有点儿咸了　　Yǒu diǎnr xián le

"有点儿 + 形容词"表示程度轻(有点儿累、有点儿忙)，"有点儿 + 形容词 + 了"，表示不满意，形容词前还可以加上"太"，表示不满的程度较深。

"*Yǒu diǎnr* + adjective" expresses a moderate degree or level to suggest dissatisfaction ("*yǒu diǎnr lèi*" ——slightly tired, "*yǒu diǎnr máng*" ——slightly busy). "*Tài*" can be added before the adjectives, also showing dissatisfaction.

Examples:

有点儿甜了　　　　slightly sweet

有点儿太贵了　　　a bit too expensive

有点儿太客气了　　a bit over-polite/courteous

练习 Exercises

1. 选词填空：

Choose the right word to fill in the following blanks:

这　　那　　这儿(这里)　　那儿(那里)　　哪　　哪儿

(1) 你去过四川饭店吗？(　　)的菜味道怎么样？

(2) 我们在(　　)吃吧，(　　)的菜不错。

(3) 我们在( )吃吧,( )的菜不错。
(4) 你喜欢上海吗?( )的天气怎么样?
(5) 给你,( )是你的钥匙。
(6) 你是在( )出生的?
(7) 你的朋友是( )国人?

2. 用"有点儿……了"把下列词造成句子:
   Use "yǒu diǎnr…le" to join the following words in to complete sentences:
   (1) 这件衣服　　　　贵
   (2) 那碗汤　　　　　咸
   (3) 豆腐　　　　　　辣
   (4) 糖醋鱼　　　　　甜
   (5) 这个菜　　　　　酸
   (6) 那条裙子　　　　短

3. 完成对话:
   Complete the following dialogues:
   (1) A:您要点什么?
       B:＿＿＿＿＿＿＿＿。
       A:喝点什么?
       B:＿＿＿＿＿＿＿＿。
       A:还要别的吗?
       B:＿＿＿＿＿＿＿＿。
   (2) A:＿＿＿＿＿＿＿＿。
       B:我咳嗽了,不能吃辣的。

A：_____。
B：好,我最喜欢吃豆腐。
A：_____。
B：谢谢,我也不能喝酒。

生词 New Words

1.	菜单	càidān	(名)	menu
2.	这里	zhèlǐ	(名)	here
3.	菜	cài	(名)	dish
4.	味道	wèidào	(名)	taste
5.	鱼	yú	(名)	fish
6.	素菜	sùcài	(名)	vegetarian dish
7.	辣	là	(形)	hot
8.	碗	wǎn	(名)	bowl
9.	米饭	mǐfàn	(名)	rice
10.	鸡蛋	jīdàn	(名)	egg
11.	汤	tāng	(名)	soup
12.	咸	xián	(形)	salty
13.	马上	mǎshàng	(副)	immediately
14.	坐位	zuòwèi	(名)	seat
15.	豆腐	dòufu	(名)	beancurd
16.	橘子水	júzǐshuǐ	(名)	juice of mandarine orange
17.	酸	suān	(形)	sour

点菜

18. 四川　　　Sìchuān　　　　　Sichuan
19. 辣子鸡丁　làzǐjīdīng　　　　chicken with chilli
20. 麻辣豆腐　málàdòufu　　　　spicy beancurd
21. 糖醋鱼　　tángcùyú　　　　 sweetsour fish

12 减　肥

Weight control

Sentence Patterns

111. 她最近越来越胖。
  Tā zuìjìn yuèláiyuè pàng.
  She has grown in weight recently.

112. 太胖了对身体没有好处。
  Tài pàng le duì shēntǐ méiyǒu hǎochù.
  Overweight does no good to the health.

113. 有什么办法可以减肥吗？
  Yǒu shénme bànfǎ kěyǐ jiǎnféi ma?
  Is there any way to keep fit?

114. 他天天跑步。
  Tā tiāntiān pǎobù.
  He jogs everyday.

115. 他还是这么胖。
  Tā háishì zhème pàng.
  But he is still too big.

116. 你应该少吃甜的东西。
  Nǐ yīnggāi shǎo chī tián de dōngxi.

You should take less sweet food.

117. 你可以试试喝减肥茶。
    Nǐ kěyǐ shìshì hē jiǎnféi chá.
    You can try the diet tea.

118. 她决定减肥。
    Tā juédìng jiǎnféi.
    She decides to keep fit.

119. 她正在做减肥体操呢!
    Tā zhèngzài zuò jiǎnféi tǐcāo ne!
    She is doing the weight reducing exercise.

120. 一点儿作用也没有。
    Yìdiǎnr zuòyòng yě méiyǒu.
    It has no effect at all.

课文
Text

(一)

A：你最近有点儿胖了。
    Nǐ zuìjìn yǒudiǎnr pàng le.
    You have grown a little bit recently.

B：是,我越来越胖。
    Shì, wǒ yuèláiyuè pàng.
    Yes, I am gaining weight.

A：太胖了对身体没有好处。
    Tài pàng le duì shēntǐ méiyǒu hǎochù.

Overweight does no good to the health.

B：有什么办法可以减肥吗？

Yǒu shénme bànfǎ kěyǐ jiǎnféi ma?

Is there any way to reduce my weight?

A：你应该每天锻炼身体。

Nǐ yīnggāi měi tiān duànliàn shēntǐ.

You should do physical exercises everyday.

B：我天天跑步，还是这么胖。

Wǒ tiāntiān pǎobù, háishì zhème pàng.

I jog every day, however, I remain heavy.

A：你喜欢吃甜的东西吧？

Nǐ xǐhuān chī tián de dōngxi ba?

Do you like sweet food?

B：我喜欢吃糖。

Wǒ xǐhuan chī táng.

I like sweet candies.

A：你要少吃糖。

Nǐ yào shǎo chī táng.

You should take in less sweets.

B：是不是还要少吃饭？

Shì bú shì hái yào shǎo chī fàn?

Also less rice?

A：少吃饭对身体也不好。

Shǎo chī fàn duì shēntǐ yě bù hǎo.

Less rice is not beneficial to the health, either.

B：还有别的办法减肥吗？
　　Hái yǒu biéde bànfǎ jiǎnféi ma?
　　Is there any other ways to reduce my weight?
A：你可以试试喝减肥茶。
　　Nǐ kěyǐ shìshi hē jiǎnféi chá.
　　You can try diet tea.
B：好，我试试。
　　Hǎo, wǒ shìshi.
　　All right. I would try.

(二)
(两个朋友在看她做体操
Two friends are watching her doing exercise)

A：她在干什么？
　　Tā zài gàn shénme?
　　What is she doing?
B：她正在做减肥体操呢！
　　Tā zhèngzài zuò jiǎnféi tǐcāo ne!
　　She is doing exercise to reduce her weight.
A：她打算减肥吗？
　　Tā dǎsuàn jiǎnféi ma?
　　Does she plan to reduce her weight?
B：是，她最近越来越胖。
　　Shì, tā zuìjìn yuèláiyuè pàng.
　　Yes, she has gained weight recently.

A：做体操有用吗?
Zuò tǐcāo yǒu yòng ma?
Will the exercise work?

B：一点儿作用也没有,她还是那么胖。
Yìdiǎnr zuòyòng yě méiyǒu, tā háishì nàme pàng.
No effect at all. She remains the same in weight.

A：胖也很好看,不一定要减肥。
Pàng yě hěn hǎokàn, bù yídìng yào jiǎnféi.
It can be also good-looking to be fleshy, no necessity to reduce the weight.

(三) 减肥
Weight reduction

小马最近越来越胖,她决定减肥,同学们告诉她很多减肥的办法。第一,锻炼身体,做减肥体操。第二,少吃饭,少吃甜的东西。第三,喝减肥茶。第四,吃减肥药。

各种办法小马都试过了。她天天跑步,天天做体操。她每天只吃两顿饭,也不吃糖。她买了减肥茶,也买了减肥药,每天喝,每天吃,可是一点儿作用也没有,她没有瘦,还是那么胖。

Xiao Ma has gained weight recently. She decides to control her weight. Her classmates give her a lot of advices. Firstly, do physical exercises to reduce the weight. Secondly, take

less rice and sweet food. Thirdly, drink diet tea. Fourthly, take some medicine of weight control. Xiao Ma has tried all the ways. She jogs everyday and does exercises daily. She even has only two meals a day and does not take sweets. She drinks diet tea and take medicine daily. However, there is no effect at all. Her figure remains the same as before.

注释 Annotation

1. 越来越胖　　Yuè lái yuè pàng

"越来越……"用在形容词语前,表示程度随着时间的推移而提高,后可加"了"。

"*Yuè lái yuè* …" expresses the degree or level increases as time goes on. "*le*" can be added after it.

Examples:

越来越瘦 　　　　　getting slimmer

越来越好 　　　　　getting better

越来越冷了 　　　　getting colder

越来越不爱吃糖了

2. 天天跑步　　Tiāntiān pǎo bù

"天天"是"天"的重叠式,意思是"每天"。

"Tiān tiān" is the reduplicated form of "tiān", meaning everyday.

Examples:

天天吃药 　　　　　take medicine every day

年年去中国 　　　　go to China every year

人人喜欢漂亮 　　　everybody likes to be pretty

3. 这么胖　　Zhème pàng

指示代词"这么"表示程度高,也可以说成"那么"。

The demonstrative pronoun "zhème" indicates the degree or level is high. It can be substituted with "nàme".

Examples:

天气这么好。　　　The weather is so good.

汤这么咸。　　　　The soup is so salty.

公园里那么多人。　There are so many people in the park.

4. 正在……呢　　Zhèng zài…ne

这个格式也用来表示动作正在持续。也说"在……呢"。
This form is used to indicate that the action is in the process and in a continuing state. It can also be said, "*zài…ne*"。

Examples:

 他正在喝水呢。　　　He is drinking.
 我正在打电话呢。　　I am making a call.
 小王在做体操呢。　　Xiao Wang is doing exercise.

5. 没有瘦　　Méiyǒu shòu

副词"没有"可以用在形容词前,肯定式是"瘦了"。
"*Méiyǒu*" can be used before adjectives, the affirmative form is "*shòu le*"。

练习　Exercises

1. 用"越来越……"完成下列句子:
Use "*yuèláiyuè…*" to complete the following sentences:

(1) 最近工作(　　　)了。
(2) 商店里的东西(　　　)了。
(3) 春天到了,天气(　　　)了。
(4) 风(　　　)了。
(5) 他学习(　　　)。
(6) 最近他身体一直不好,(　　　)。

2. 翻译并造句：
   Translation and make sentences:
   (1) 不胖也不瘦
   (2) 不冷也不热
   (3) 不高也不低
   (4) 不大也不小
   (5) 不长也不短
   (6) 不咸也不淡

3. 选择合适的词组连成句子：
   Choose the right phrases and connect them in to complete sentences:

A	B
医院里的人	那么好
这本书	这么辣
今天的天气	那么多
买火车票	这么没意思
这碗汤	那么麻烦

4. 造词填空：
   Choose the right words to fill in the blanks:

瘦	决定	锻炼	喝
少	作用	跑步	越来越
减肥	甜	天天	那么

　　我最近（　）胖，我（　　）减肥。我（　　）的办法是：第一，（　　）吃饭，少吃（　　）东西；第二，（　　）身体，我

减肥

天( )，( )做减肥体操；第三，( )减肥茶。可是，一点儿( )也没有，我没有( )，还是( )胖。

生词　New Words

1.	越	yuè	（副）	
	越来越	yuèláiyuè		(to get) more and more...
2.	胖	pàng	（形）	overweight, fleshy, fat
3.	减肥	jiǎnféi	（动）	to reduce weight
4.	跑步	pǎobù	（动）	jog
5.	这么	zhème	（代）	such, so
6.	少	shǎo	（量）	little
7.	决定	juédìng	（动）	decide
8.	体操	tǐcāo	（名）	physical exercise
9.	作用	zuòyòng	（名）	effect, function
10.	顿	dùn	（量）	*measure word*
11.	没有	méiyǒu	（副）	not
12.	瘦	shòu	（形）	thin, slim
13.	那么	nàme	（代）	that, such

13 爱好体育

Enthusiasm for sports

Sentence Patterns

121. 他正在操场上打网球呢!
　　Tā zhèngzài cāochǎng shàng dǎ wǎngqiú ne!
　　He is playing tennis on the playground.

122. 打网球是他最喜欢的体育活动。
　　Dǎ wǎngqiú shì tā zuì xǐhuan de tǐyù huódòng.
　　Tennis is his favorite sport.

123. 他是一个体育爱好者。
　　Tā shì yí gè tǐyù àihàozhě.
　　He is a sport enthusiast.

124. 跑步、游泳、滑冰、他样样都行。
　　Pǎobù, yóuyǒng, huábīng, tā yàngyàng dōu xíng.
　　He is good at everything: jogging, swimming, and skating.

125. 他从来不得病。
　　Tā cónglái bù dé bìng.
　　He is never sick.

126. 我从来没打过棒球。
　　Wǒ cónglái méi dǎ guò bàngqiú.

I have never played baseball before.

127. 他一年四季都锻炼身体。
 Tā yì nián sì jì dōu duànliàn shēntǐ.
 He keeps on physical exercises throughout the year.

128. 我要去打太极拳了。
 Wǒ yào qù dǎ tàijíquán le.
 I am going to practice Taiji.

129. 无论刮风天还是下雨天，他都不停止。
 Wúlùn guāfēng tiān háishi xià yǔ tiān, tā dōu bù tíngzhǐ.
 He never stops (exercising) whether it is windy or rainy.

130. 他五十多岁了，身体比年轻人还好。
 Tā wǔshí duō suì le, shēntǐ bǐ niánqīngrén hái hǎo.
 He is over fifty years old, but is even in better health than young people.

课文 Text

(一)

(两个朋友在谈话　Two friends are chatting.)

A：小王在哪儿？
 Xiǎo Wáng zài nǎr?
 Where is Xiao Wang?

B：他正在操场上打网球呢！
 Tā zhèngzài cāochǎng shàng dǎ wǎngqiú ne!

He is playing tennis on the playground.

A：他那么喜欢打网球？
Tā nàme xǐhuan dǎ wǎngqiú?
Does he like tennis so much?

B：他喜欢活动，天天下午都打一会网球。
Tā xǐhuān huódòng, tiāntiān xiàwǔ dōu dǎ yíhuìr wǎngqiú.
He is active, and plays tennis for a while every afternoon.

A：除了打网球，他还喜欢别的体育活动吗？
Chúle dǎ wǎngqiú, tā hái xǐhuan biéde tǐyù huódòng ma?
Besides tennis, what other sports does he like?

B：跑步、游泳、滑冰，他样样都行。
Pǎobù, yóuyǒng, huábīng, tā yàngyàng dōu xíng.
He is good at everytning: jogging, swimming and skating.

A：他一年四季都锻炼身体。
Tā yì nián sì jì dōu duànliàn shēntǐ.
He keeps on physical exercises throughout the year.

B：他是一个体育爱好者。
Tā shì yí gè tǐyù àihàozhě.
He is a sports enthusiast.

A：他的身体一定很健康。
Tā de shēntǐ yídìng hěn jiànkāng.
He must be very healthy then.

B：是，他从来不得病。
Shì, tā cónglái bù dé bìng.
Yes, he is never sick.

爱好体育

(一)

A：你经常锻炼身体吗？
　　Nǐ jīngcháng duànliàn shēntǐ ma?
　　Do you often do physical exercises?

B：是，我经常做体育活动。
　　Shì, wǒ jīngcháng zuò tǐyù huódòng.
　　Yes, I often go for sports.

A：你最喜欢的活动是什么？
　　Nǐ zuì xǐhuan de huódòng shì shénme?
　　What is your favorite sport?

B：打棒球。
　　Dǎ bàngqiú.
　　Baseball.

A：我从来没打过棒球，有意思吗？
　　Wǒ cónglái méi dǎ guò bàngqiú, yǒu yìsi ma?
　　I have never played baseball, is it interesting?

B：有意思极了，你跟我一起去看看吧！
　　Yǒu yìsi jí le, nǐ gēn wǒ yìqǐ qù kànkan ba!
　　Very interesting. You can come along with me to have a look!

A：现在不行，我还有事。
　　Xiànzài bù xíng, wǒ hái yǒu shì.
　　Not now. I have something else to do.

B：也去锻炼身体吗？
　　Yě qù duànliàn shēntǐ ma?

125

Some physical exercises?

A：是，我要去打太极拳。

Shì, wǒ yào qù dǎ tàijíquán.

Yes, I am going to practice Taiji.

B：你这么年轻也喜欢打太极拳吗？

Nǐ zhème niánqīng yě xǐhuan dǎ tàijíquán ma?

Why do you like practicing Taiji which is not supposed to be an activity for young men?

A：我已经四十多岁了，不年轻了。

Wǒ yǐjīng sìshí duō suì le, bù niánqīng le.

I am already over forty, not that young any more.

（三）体育活动
Sports

　　李老师非常喜欢体育活动，他是一个体育爱好者。打网球，打棒球，跑步，滑冰，游泳……，他样样都行。每天早上你可以看见他在校园里跑步，每天下午你又可以看见他在操场上打球。一年四季，无论刮风天还是下雨天，他都不停止。因为李老师天天锻炼，保持了身体健康。他很少感冒，很少去医院，从来没得过大病，也从来不吃药。他已经五十多岁了，身体比年轻人还好。

　　Mr. Li(teacher) likes sports very much. He is a sport enthusiast. He is good at almost all sports: tennis, baseball, jogging, skating, swimming.... You can see him jogging in he school yard every morning. You can see him play ball games on the playground every afternoon. Whether it is windy or rainy, he never stops throughout the year. Mr. Li keeps his good health because he keeps on physical exercises everyday. He seldom catches a flu, and seldom go to hospital. He is never seriously ill or takes medicine. He is in his fifties, but is even in better health than young men.

注释 Annotation

1. 样样都行　　*Yàngyàng dōu xíng*

"样"是量词,重叠形式"样样"是"每一样"的意思。后面要用"都"。

"*Yàng*" is a measure word. It should be followed by "*dōu*". The reduplicated form "*yàng yàng*" means "*měi yí yàng.*" Examples:

　　样样都会　　　　to know everything
　　样样都吃　　　　to eat everything

2. 从来　　*Cónglái*

"从来"用在否定句中,否定动作、行为的发生。"从来"后可以用"不",也可以用"没(有)"。用"没"的时候,动词后要有"过"。

"*Cónglái*" is used in negative sentences to negate an action or behaviour. "*Cónglái*" can be followed by "*bù*" or "*méi (yǒu).*" When "*méi*" is used, "*guò*" must also be used. Examples:

    a. 从来 + 不 + 动词 + 宾语

    cónglái + *bù* + verb + object

    从来不吃药

    to take medicine never

    b. 从来 + 没有 + 动词 + 过 + 宾语

    cónglái + *méiyǒu* + verb + *guò* + object

    从来没有吃过药

    to have never taken medicine

3. 没打过　　*Méi dǎ guò*

"没"是副词"没有"的省略。

"*Méi*" is an adverb, the simplified form of "*méiyǒu*"。

4. 一年四季　　*Yì nián sì jì*

即一年四个季节。

It means the four seasons of a year.

5. 无论……还是……,都……

   Wú lùn … hái shì …, dōu…

这个格式表示在任何条件、情况下,结果都不会变。"无论"和"还是"的后面可以是名词,也可以是动词。

This structure indicates that the result would not change

under any conditions or circumstances. "*Wúlùn*" and "*háishi*" can have both nouns and verbs after it.

Examples:

无论你还是我,都不知道这件事。

Neither you nor I know about this matter.

无论去还是不去,都行。

It is all right whether to go or not to go.

6. 五十多岁　　*Wǔshí duō suì*

数词"多"加在数后,表示概数。

The numeral "*duō*" is added after numbers to indicate an approximate number.

练习 Exercises

1. 替换练习：

Substitution exercises:

(1) 他从来不听音乐。

小王	锻炼身体
王红	吃辣的
我	喝咖啡
她	做减肥体操

(2) 我从来没去过医院。

我	打	网球
老五	吃	西餐
小王	学	英语
他	喝	酒

2. 翻译：

Translation:

(1) 滑冰、游泳,他样样都喜欢。
(2) 无论英语还是法语,他都不会。
(3) 无论喜欢还是不喜欢,你都应该锻炼身体。
(4) 无论刮风还是下雨,他天天都跑步。
(5) 他一年四季都锻炼身体。
(6) 他一年四季工作都很忙。

3. 用否定式回答问题：

Use the negative form to answer the following questions:

(1) 你去医院了吗？
(2) 你洗衣服了吗？
(3) 学校放假了吗？
(4) 他参观美术馆了吗？

4. 完成对话：

Complete the following dialogues:

(1) A: 你喜欢体育活动吗？

B: _____。
A: 你喜欢什么活动
B: _____。
(2) A: _____?
B: 他在操场打网球呢。
A: _____?
B: 他网球打得不错。
A: _____?
B: 除打网球,他也喜欢跑步和游泳。
A: _____?
B: 对,他一年四季锻炼身体。

生词 New Words

1. 操场   cāochǎng   (名)   playground
2. 打   dǎ   (动)   play
3. 网球   wǎngqiú   (名)   tennis
4. 体育   tǐyù   (名)   sports
5. 活动   huódòng   (名)   activity
6. 爱好者 àihàozhě   (名)   enthusiast
7. 游泳   yóuyǒng   (动)   swim
8. 滑冰   huábīng   (动)   skate
9. 样样   yàngyàng   (名)   everything
10. 从来   cónglái   (副)   always

11. 得	de	（动）	get	
12. 棒球	bàngqiú	（名）	baseball	
13. 太极拳	tàijíquán	（名）	Taiji	
14. 无论	wúlùn	（连）	no matter what	
无论……	wúlùn…			
还是……	háishì…			
15. 停止	tíngzhǐ	（动）	stop	
16. 年轻	niánqīng	（形）	young	
17. 多	duō	（形）	more	

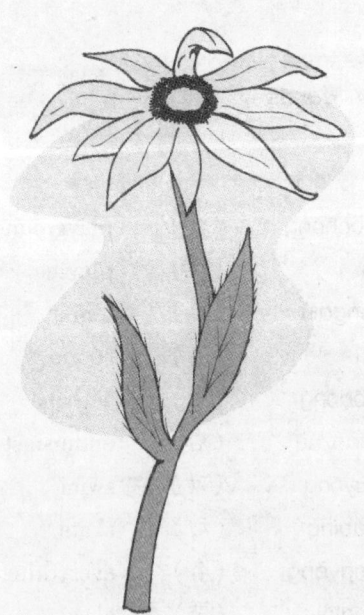

14 合 作
Cooperation

Sentence Patterns

131. 昨天晚上我休息得很好。
   Zuótiān wǎnshàng wǒ xiūxi de hěn hǎo.
   I had a very good rest last night.
132. 讨论两家公司的合作问题。
   Tǎolùn liǎng jiā gōngsī de hézuò wèntí.
   To discuss about the cooperation between the two companies.
133. 请介绍一下贵公司的产品。
   Qǐng jièshào yíxiàr guì gōngsī de chǎnpǐn.
   Please introduce the products of your company.
134. 能看看说明书吗?
   Néng kànkan shuōmíngshū ma?
   Can I have a look at the product manual?
135. 质量已经达到了国际先进水平。
   Zhìliàng yǐjīng dádào le guójì xiānjìn shuǐpíng.
   The quality has already reached the advanced international standards.

136. 先看样品,然后再讨论。
 Xiān kàn yàngpǐn, ránhòu zài tǎolùn.
 (I want to) first look at the sample before discussing.

137. 我不能马上决定。
 Wǒ bù néng mǎshàng juédìng.
 I cannot decide immediately.

138. 价格很合适。
 Jiàgé hěn héshì.
 The prices are reasonable.

139. 出口水果、啤酒。
 Chūkǒu shuǐguǒ, píjiǔ.
 To export fruits and beer.

140. 进口电视和冰箱。
 Jìnkǒu diànshì hé bīngxiāng.
 To imput television and refrigerator.

课文
Text

(一)

A: 您好!马丁先生!
 Nín hǎo! Mǎdīng xiānshēng.
 Hello, Mr. Martin!

B: 你好,王先生!
 Nǐ hǎo, Wáng xiānshēng!
 Hello, Mr Wang!

合作

A：昨天晚上休息得好吗？
Zuótiān wǎnshàng xiūxi de hǎo ma?
Did you have a good rest last night?

B：休息得很好，谢谢！
Xiūxi de hěn hǎo, xièxie!
Yes, thank you!

A：餐厅的饭菜怎么样？
Cāntīng de fàncài zěnmeyàng?
How is the food in the restaurant?

B：也很好，中餐、西餐都有，我很满意。
Yě hěn hǎo, zhōngcān, xīcān dōu yǒu, wǒ hěn mǎnyì.
Good. They have both Chinese and western food. I am very satisfied.

A：我们今天上午讨论两家公司的合作问题，可以吗？
Wǒmen jīntiān shàngwǔ tǎolùn liǎng jiā gōngsī de hézuò wèntí, kéyǐ ma?
Is it all right for us to discuss about the cooperation between our companies this morning?

B：可以，在哪儿讨论？
Kěyǐ, zài nǎr tǎolùn?
Sure. Where shall we hold the discussion?

A：在二楼。
Zài èr lóu.
On the second floor.

B：几点钟开始？
Jǐ diǎnzhōng kāishǐ?

When shall we start?

A：九点半。
Jiǔ diǎn bàn.
At half past nine.

(二)

A：请介绍一下贵公司的产品。
Qǐng jièshào yíxiàr guì gōngsī de chǎnpǐn.
Please introduce the products of your company.

B：我们生产冰箱。
Wǒmen shēngchǎn bīngxiāng.
We produce refrigerators.

A：能看看产品说明书吗？
Néng kànkan chǎnpǐn shuōmíngshū ma?
Can I take a look at the product manual?

B：可以，请看。
Kěyǐ, qǐng kàn.
Sure, here it is.

A：产品质量怎么样？
Chǎnpǐn zhìliàng zěnmeyàng?
How about the quality of the products?

B：产品质量很好，已经达到了国际先进水平。
Chǎnpǐn zhìliàng hěn hǎo, yǐjīng dádào le guójì xiānjìnshuǐpíng.
The quality of the products is very good. It has reached the international standard.

A：我们很需要冰箱,不过我不能马上决定。

Wǒmen hěn xūyào bīngxiāng, búguò wǒ bù néng mǎshàng juédìng.

We are in bad need of refrigerators, however, I cannot decide immediately.

B：您是不是需要看看样品。

Nín shì bu shì xūyào kànkan yàngpǐn.

Do you need to see the sample?

A：是,我需要看样品。

Shì, wǒ xūyào kàn yàngpǐn.

Yes, I need to see the sample.

B：希望您能满意。

Xīwàng nín néng mǎnyì.

Hope you would be satisfied.

A：我先看样品,然后我们再讨论。
　　Wǒ xiān kàn yàngpǐn, ránhòu wǒmen zài tǎolùn.
　　I would like to see the sample first, then we can discuss about it.
B：好,请跟我走。
　　Hǎo, qǐng gēn wǒ zǒu.
　　All right. Please follow me.

(三) 合作
Cooperation

　　二〇〇二年十月十六日上午九点半,日本A公司的平田先生和中国B公司的王先生讨论了两家公司的合作问题。

　　A公司希望出口冰箱和电视,进口水果和啤酒。B公司希望出口水果和啤酒,进口日本生产的冰箱和电视。两个公司以前也合作过,产品的质量都很好,价格也很合适,他们一直合作得非常愉快。

　　Mr. Hirata from the Japanese company A and Mr. Wang from the Chinese company B discuss about cooperation between their companies at 9:30 a.m. on Oct.16th, 2002. Company A intends to export refrigerators and televisions and import fruits and beer. Company B intends to export fruits and beer and import Japan-made refrigerators and televisions. Two companies have cooperated before. The quality of the products is very good, and the prices are reasonable, too. They have always been in pleasant cooperations.

注释 Annotation

1. 两家公司　　Liǎng jiā gōngsī

"家"在这里是量词。

"*Jiā*" is a measure word here.

2. 介绍一下　　Jiè shào yí xiàr

动词后加"一下"表示一种轻松的语气，或表示动作经历的时间短。

"*Yí xiàr*" is added after verbs to suggest a light tone, or to indicate a short duration of the action.

Examples:

 讨论一下儿　　　　to have some discussion

 看一下儿　　　　　to take a look

 等一下儿　　　　　to wait a moment

3. 贵公司　　Guì gōngsī

"贵"除了用于问人的姓名外(贵姓)，也用在"国家、公司、学校"等名词前，表示尊敬。

"*Guì*", besides the usage of inquiring for names of other people (*guì xìng*), can be used before nouns like "*guójiā*" (country), "*gōngsī*" (company) to indicate respect.

Examples:
贵国　　　　　　your (respected) country
贵公司　　　　　your (respected) company
贵校　　　　　　your (respected) school

练习
Exercises

1. 完成对话：

Complete the following dialogues:

(1) A：贵公司生产什么产品？
　　B：_____。
　　A：质量怎么样？
　　B：_____。
　　A：能先看看样品吗？
　　B：_____。

(2) A：这是你们的产品吗？
　　B：_____。
　　A：我想看一下儿说明书。
　　B：_____。
　　A：我很希望跟你们合作。
　　B：_____。

2. 选择合适的词连成词组：

Choose the right words to join into phrases:

A	B
介绍	合作问题
讨论	冰箱
看看	大米
进口	说明书
出口	产品质量
生产	电视

3. 翻译：

Translation:

(1) 我以前来过中国。

(2) 以前我住在上海，现在住在北京。

(3) 两家公司以前经常合作。

(4) 我以前喜欢吃辣的，最近经常咳嗽，不吃了。

(5) 我知道你以前天天锻炼身体。

4. 把下列句子按顺序排列：

Arrange the following sentences in right order:

(1) 他的公司生产电视机和冰箱。

(2) 平田先生来到中国，和 A 公司讨论两家的合作问题。

(3) 平田先生在日本一家公司工作？

(4) 公司要出口这些产品。

(5) 他们的产品质量很好，已达到了国际先进水平。

生词
New Words

1.	昨天	zuótiān	（名）	yesterday
2.	讨论	tǎolùn	（动）	discuss
3.	合作	hézuò	（动）	cooperate
4.	问题	wèntí	（名）	question
5.	介绍	jièshào	（动）	introduce
6.	一下	yíxiàr		while
7.	产品	chǎnpǐn	（名）	product
8.	说明书	shuōmíngshū	（名）	instruction manual
9.	质量	zhìliàng	（名）	quality
10.	达到	dádào	（动）	reach
11.	先进	xiānjìn	（形）	advanced
12.	水平	shuǐpíng	（名）	level
13.	样品	yàngpǐn	（名）	sample
14.	价格	jiàgé	（名）	price
15.	出口	chūkǒu	（动）	export
16.	进口	jìnkǒu	（动）	import
17.	生产	shēngchǎn	（动）	produce
18.	以前	yǐqián	（名）	before, previously
19.	平田	Píngtián		Hirata

读中文报纸
Reading Chinese newspapers

Sentence Patterns

141. 您是什么时候来中国的?
 Nín shì shénme shíhòu lái zhōngguó de?
 When did you come to China?

142. 我在北京大学学习中文。
 Wǒ zài Běijīng Dàxué xuéxí Zhōngwén.
 I am studying Chinese at Peking University.

143. 现在你的汉语水平怎么样?
 Xiànzài nǐ de Hànyǔ shuǐpíng zěnmeyàng?
 How is your Chinese at present?

144. 还看不懂中文报纸。
 Hái kàn bù dǒng Zhōngwén bàozhǐ.
 I cannot read Chinese newspaper yet.

145. 你能看懂《人民日报》了,太好了!
 Nǐ néng kàn dǒng *Rénmín Rìbào* le, tài hǎo le!
 You can read *People's Daily*. It is great!

146. 了解国际新闻和国内大事。
 Liǎojiě guójì xīnwén hé guónèi dàshì.

to understand international news and domestic affairs

147. 看到商品消息。
Kàn dào shāngpǐn xiāoxi.
to notice commodity information.

148. 你学习真努力!
Nǐ xuéxí zhēn nǔlì!
You are really hardworking!

149. 因为天天看报纸,所以中文进步很快。
Yīnwèi tiāntiān kàn bàozhǐ, suǒyǐ Zhōngwén jìnbù hěn kuài.
Thanks to the daily newspaper reading, my Chinese improves very fast.

150. 我还能看电视呢!
Wǒ hái néng kàn diànshì ne!
I can understand the TV programs as well!

课文
Text

(一)

A: 你是什么时候来中国的?
Nǐ shì shénme shíhòu lái Zhōngguó de?
When did you come to China?

B: 我是去年9月来中国的。
Wǒ shì qùnián jiǔyuè lái Zhōngguó de.
I came to China last September.

读中文报纸

A：你在中国学习汉语吗？
Nǐ zài Zhōngguó xuéxí Hànyǔ ma?
Are you studying Chinese in China?

B：我在北京大学学习汉语。
Wǒ zài Běijīng Dàxué xuéxí Hànyǔ.
I am studying Chinese at Peking University.

A：你为什么要学习汉语？
Nǐ wèi shénme yào xuéxí Hànyǔ?
Why do you want to learn Chinese?

B：因为我喜欢中国历史，我希望看懂中文书。
Yīnwèi wǒ xǐhuān Zhōngguó lìshǐ, wǒ xīwàng kàn dǒng Zhōngwén shū.
Because I like Chinese history. I wish to be able to read Chinese books.

A：现在你的汉语水平怎么样？
Xiànzài nǐ de Hànyǔ shuǐpíng zěnmeyàng?
How is your Chinese at present?

B：还不太好，还不能看中文报纸。
Hái bú tài hǎo, hái bù néng kàn Zhōngwén bàozhǐ.
Not so good, I cannot read Chinese newspaper yet.

A：读报是学习汉语的好办法，你应该开始看报纸。
Dú bào shì xuéxí Hànyǔ de hǎo bànfǎ, nǐ yīnggāi kāishǐ kàn bàozhǐ.
Reading newspaper is a good way to learn Chinese. You should start reading newspapers.

B：我打算上读报课,我们学校有这门课。
Wǒ dǎsuàn shàng dú bào kè, wǒmen xuéxiào yǒu zhè mén kè.
I plan to attend the course of newspaper reading. Our school offers this course.

A：那好极了!
Nà hǎo jí le!
That is great!

B：我一定读得很慢。
Wǒ yídìng dú de hěn màn.
I must be very slow in reading.

A：不要紧,每个人开始的时候都很慢。
Bú yàojǐn, měi gè rén kāishǐ de shíhòu dōu hěn màn.
It does not matter. Everybody starts slowly.

(二)

A：你在干什么?
Nǐ zài gàn shénme?
What are you doing?

B：我正在看报纸呢!
Wǒ zhèngzài kàn bàozhǐ ne!
I am reading newspaper!

A：中文报还是英文报?
Zhōngwén bào háishi Yīngwén bào?
Is it Chinese newspaper or English newspapers?

B：中文报,是《人民日报》。
Zhōngwén bào, shì Rénmín Rìbào.

读中文报纸

Chinese newspaper, it is *People's Daily*.

A：你能看懂《人民日报》了,太好了!
Nǐ néng kàn dǒng *Rénmín Rìbào* le, tài hǎo le!
It is great you can understand *People's Daily*!

B：我一边查字典,一边看报纸,很慢。
Wǒ yìbiān chá zìdiǎn, yìbiān kàn bàozhǐ, hěn màn.
I refer to the dictionary while reading, so it goes on very slowly.

A：你是什么时候开始看中文报纸的?
Nǐ shì shénme shíhòu kāishǐ kàn Zhōngwén bàozhǐ de?
When did you begin to read Chinese newspapers?

B：是昨天开始的。
Shì zuótiān kāishǐ de.
I began yesterday.

A：你学习真努力!
Nǐ xuéxí zhēn nǔlì!
How hard you work!

(二) 读报的好处
The advantages of reading newspapers

看报纸有很多好处。看了报纸,你可以了解国际新闻,你可以知道中国国内大事,你能看到旅游介绍,你会知道商品的消息。你还可以了解哪儿有音乐,哪个饭店的饭菜味道最好,怎样保持身体健康,怎样减肥,明天会不会下雨……什么消息都有。

　　除了这些好处，读报还有一个最大的好处——帮助我学习中文。因为我天天看报纸，所以我的中文水平进步很快。现在我已经可以看懂中文历史书了，我还能看中文电视呢！

　　There are a lot of advantages of newspaper reading. You can learn about both international news and domestic affairs. You can read about tourism services and commodity news. You can also get the information about where to go for concerts and which hotel provides delicious dish; how to keep healthy, how to go on a diet, or if it is going to rain tomorrow, etc. Besides all these, reading newspaper has the biggest advantage — it helps me with my Chinese study. Thanks to my daily newspaper reading, my Chinese standard improves rapidly. I am able to read books on Chinese history now. I can also undertand some Chinese TV programs.

注释 Annotation

1. 是……的 *Shì…de*

"是……的"可以用来强调时间,被强调的时间放在"是……的"的中间。

"*Shì…de*" can be used for time emphasis. The time emphasized is placed between "*shì…de*".

Examples:

音乐会是下午三点的。

The concert is at 3:00 p.m.

去上海的火车是晚上七点五十分的。

The train to Shanghai is at 7:50 p.m.

2. 看懂、看到 *Kàn dǒng, kàn dào*

这是两个结果补语式,动词"懂"和"到"分别出现在"看"后,补充说明看的结果。

They are two forms of verbs followed by a complement indicating result of the action.

3. 看得懂,看不懂 *Kàn de dǒng, kàn bù dǒng*

在结果补语式的动词和补语之间加上"得"和"不"就构成可能补语式,表示可能性。其他如:听得懂/听不懂、学得会/学不会。

The insertion of "*de*" or "*bù*" between the verb and the complement indiates possibility.

Examples:

听得懂/听不懂

to be able to comprehend/not to be able to comprehend

学得会 /学不会

to be able to learn/ not be able to learn

4. 因为……所以……　　*Yīnwéi*…*suǒyǐ*…

表示原因和结果。

This is a structure of expressing cause and result.

Examples:

因为病了,所以没去上课。

I do not go to school because I am ill.

因为天气不好,所以停止锻炼。

I stop the physical exercise because of the bad weather.

5. 呢　　*Ne*

"呢"有三个作用:(1)表示疑问:"我喜欢吃辣的,你呢?"(2)表示动作正在进行:"我正在看报呢!"(3)表示确定的语气:"我还能看电视呢!"

There are three functions of "*ne*":
(1) to indicate an interrogative tone: 我喜欢吃辣的,你呢? (I like spicy food, how about you?)(2) to indicate an action is in process: 我正在看报呢! (I am reading newspaper.)(3) to indicate an affirmative tone: 我还能看电视呢! (I can even watch and understand the TV program.)

练习
Exercises

1. 选词填空：

Choose the right words to fill in the following blanks:

看懂　　听懂　　看到　　住满　　卖完　　打开

(1) 对不起，双人房间都(　　)了。
(2) 请(　　)书。
(3) 我说中文，你能(　　)吗？
(4) 你(　　)那个消息了吗？
(5) 我已经能(　　)中文书了！
(6) 对不起，那本书(　　)了。

2. 替换练习：

Substitution exercises:

(1) 你买得到火车票吗？

学得好	中文
打得好	网球
看得到	外边的风景

(2) 我看不懂《人民日报》。

弹不好	钢琴
买不到	那本字典
学不会	游泳

3. 回答问题：

Answer the following questions:

(1) 你是什么时候出生的？
(2) 音乐会是几点的？
(3) 你是什么时候开始读《人民日报》的？
(4) 他是什么时候去商店的？

4. 造词成句：

Make sentences:

(1) 是　　好办法　　读报　　汉语　　学习　　的
(2) 天天　　因为　　报纸　　所以　　看
　　 进步　　中文　　很快
(3) 希望　　我　　经常　　国际　　了解
　　 大事　　国内　　和
(4) 常常　　一边　　看　　查　　报纸
　　 字典　　我　　一边
(5) 我　　看懂　　现在　　已经　　了　　历史
　　 中文　　书　　可以

New Words

1. 时候　　shíhòu　　（名）　　time
2. 对　　　duì　　　　（形）　　right, correct
3. 大学　　dàxué　　（名）　　university

4. 报纸	bàozhǐ	（名）	newspaper	
5. 新闻	xīnwén	（名）	news	
6. 国内	guónèi	（名）	domestic	
7. 商品	shāngpǐn	（名）	commodity	
8. 消息	xiāoxī	（名）	news, information	
9. 所以	suǒyǐ	（连）	so	
10. 进步	jìnbù	（动）	improve	
11. 字典	zìdiǎn	（名）	dictionary	
12. 去年	qùnián	（名）	last year	
13. 历史	lìshǐ	（名）	history	
14. 查	chá	（动）	check, look up (dictionary)	
15. 北京大学	Běijīng Dàxué		Peking University	
16. 人民日报	Rénmín Rìbào		*People's Daily*	

生词表
Shēng Cí Biǎo

A

爱好者	àihào zhě	fan, enthusiast	13

B

百	bǎi	hundred	5
办法	bànfǎ	ways, means	10
棒球	bàngqiú	baseball	13
饱	bǎo	fully fed	7
保持	bǎochí	maintain	10
报纸	bàozhǐ	newspaper	15
北	běi	north	3
北边	běibiān	northern side	3
北京大学	Běijīngdàxué	Peking University	15
比	bǐ	compare	8
比较	bǐjiào	rather	10
变成	biànchéng	turn	9
冰箱	bīngxiāng	refrigerator	6
不过	búguò	but	4

C

才	cái	only	4
菜	cài	dish	11
菜单	càidān	menu	11
餐厅	cāntīng	canteen	2
操场	cāochǎng	playground	13
查	chá	check, look up (dictionary)	15
产品	chǎnpǐn	product	14
长	cháng	long	4
吃	chī	eat	2
出口	chūkǒu	export	14
出生	chūshēng	bear	4
除了……(外)	chúle…(wài)	besides..., except...	1
穿	chuān	take on, wear	8
春天	chūntiān	spring	9
次	cì	*measure word*	5
从来	cónglái	always	13

D

达到	dádào	reach	14
打(打网球)	dǎ	make (a call)	6
打(打电话)	dǎ	play	13

大学	dàxué	university	15
大约	dàyuē	about, approximately	4
得(病)	dé	get	13
德国人	déguórén	German	1
德语	déyǔ	German	1
低	dī	low	9
电话	diànhuà	telephone	6
电脑	diànnǎo	computer	2
电视	diànshì	television	6
东	dōng	east	3
东西	dōngxi	things	3
动物	dòngwù	animal	3
动物园	dòngwùyuán	zoo	3
豆腐	dòufu	beancurd	11
度	dù	degree	9
短	duǎn	short	8
锻炼	duànliàn	to exercise, to build up	10
对	duì	right, correct	15
对面	duìmiàn	opposite	3
顿	dùn	*measure word*	12
多(很多)	duō	how (many)	3
多(五十多)	duō	many	1
多(多远)	duō	more	13

F

发烧	fāshāo	to have a fever	10
法国	Fǎguó	France	1
法国人	Fǎguórén	French	6
法语	Fǎyǔ	French	1
饭	fàn	meals	2
放假	fàng jià	to have a holiday	2
分钟	fēnzhōng	minute	3
风景	fēngjǐng	scenery, view	5
附近	fùjìn	nearby	3

G

高	gāo	high	9
告诉	gàosù	tell	3
各	gè	various, different	3
给	gěi	give	7
工作	gōngzuò	work	4
公园	gōngyuán	park	3
够(钱不够)	gòu	enough	5
够(够大的)	gòu	fairly, enough	9
贵姓	guì xìng	(polite) surname	1
国	guó	country, nation	1

国际	guójì	international	6
国内	guónèi	domestic	15

H

孩子	háizǐ	child	9
好吃	hǎochī	tasty, delicious	7
好处	hǎochù	benefits	1
好看	hǎokàn	nice-looking	8
好玩	hǎowán	enjoyable, interesting, amusing	3
合作	hézuò	cooperate	14
后天	hòutiān	the day after tomorrow	5
滑冰	huábīng	skate	13
黄	huáng	yellow	8
活动	huódòng	activity	13
火车	huǒchē	train	5
或者	huòzhě	or	10

J

鸡蛋	jīdàn	egg	11
季节	jìjié	season	9
价格	jiàgé	price	14
减肥	jiǎnféi	to reduce weight	12
件	jiàn	piece	8

渐渐	jiànjiàn	gradually	9
饺子	jiǎozi	dumpling	7
介绍	jièshào	introduce	14
今年	jīnnián	this year	4
进步	jìnbù	improve	15
进口	jìnkǒu	import	14
精神	jīngshén	spirit	10
旧	jiù	old	8
橘子水	júzǐshuǐ	juice of mandarine orange	11
决定	juédìng	decide	12

K

开	kāi	open, bloom	9
开始	kāishǐ	begin	4
开学	kāi xué	start of school	2
咳嗽	késou	cough	10
客人	kérèn	guest	1
课	kè	class, lesson, subjects	2
口袋	kǒudài	pocket, bag	6
快	kuài	fast, soon	2

L

辣	là	hot	11
辣子鸡丁	làzǐjīdīng	chicken with chilli	11

来	lái	come	5
劳驾	láojià	excuse me	3
老板	lǎobǎn	boss	1
累	lèi	tired	10
里	lǐ	in	6
历史	lìshǐ	history	15
量	liáng	measure	10
楼	lóu	floor	6
旅行	lǚxíng	travel	5
旅游	lǚyóu	travel	9

M

麻辣豆腐	málàdòufu	spicy beancurd	11
马林	Mǎ lín	Malin	1
马上	mǎshàng	immediately	11
马学文	Mǎ xuéwén	Ma Xuewen	4
卖	mài	sell	5
卖掉	màidiào	sell	8
卖完	màiwán	sold out	5
忙	máng	busy	10
没有	méiyǒu	not	12
美国人	Měiguórén	American	1
门	mén	*measure word*	2
米饭	mǐfàn	rice	11
面条	miàntiáo	spaghetti, noodle	6

明天	míngtiān	tomorrow	5

N

那么	nàme	that, such	12
南	nán	south	3
南边	nánbiān	southern side	3
年轻	niánqīng	young	13
暖和	nuǎnhuo	warm	9

P

胖	pàng	overweight, fleshy, fat	12
跑步	pǎobù	jog, run	12
漂亮	piàoliang	pretty	7
票	piào	ticket	5
平田	Píngtián	Hirata (a Japanese surname)	14

Q

气温	qìwēn	temperature	9
起床	qǐchuáng	get	4
请	qǐng	please	4
秋天	qiūtiān	autumn	9

去年	qùnián	last year	15
裙子	qúnzi	skirt	8
人民日报	rénmín rìbào	*People's Daily*	15
日	rì	day	4
日本	Rìběn	Japan	1
日本人	Rìběnrén	Japanese	6
日语	Rìyǔ	Japanese	1

S

商品	shāngpǐn	commodity	15
上	shàng	in, on	5
上海	Shànghǎi	Shanghai	5
上午	shàngwǔ	morning	2
少	shǎo	little	12
生产	shēngchǎn	produce	14
生气	shēngqì	angry	10
生日	shēngrì	birthday	4
时候	shíhòu	time	15
瘦	shòu	thin, slim	12
书店	shūdiàn	book store	9
树	shù	tree	9
谁	shuí	who/whom	1
水	shuǐ	water	10
水果	shuǐguǒ	fruits	7
水平	shuǐpíng	level	14

睡觉	shuìjiào	go to bed, sleep	4
顺着	shùnzhe	follow	3
说明书	shuōmíngshū	instruction manual	14
四川	Sìchuān	Sichuan	11
送	sòng	send, give	7
送给	sònggěi	send, give	7
素菜	sùcài	vegetarian dish	11
酸	suān	sour	11
随便	suípiàn	(colloquial) as you like; (it makes) no difference for me	7
岁	suì	year	4
所以	suǒyǐ	so	15

T

太极拳	tàijíquán	Taiji (Chinese boxing)	13
汤	tāng	soup	11
糖醋鱼	tángcùyú	sweet sour fish	11
讨论	tǎolùn	discuss	14
体操	tǐcāo	physical exercise	12
体温	tǐwēn	body temperature	10
体育	tǐyù	sports	13
天	tiān	day	1
条	tiáo	*measure word*	3
停止	tíngzhǐ	stop	13

| 图书馆 | túshūguǎn | library | 2 |

W

完	wán	finish	4
晚饭	wǎnfàn	dinner	7
碗	wǎn	bowl	11
网球	wǎngqiú	tennis	13
味道	wèidào	taste	11
温和	wēnhé	mild, moderate	9
问题	wèntí	question	14
无论	wúlùn	no matter what	13
无论……还是……	wúlùn…háishi…		13

X

西	xī	west	3
西餐厅	xīcāntīng	western restaurant	6
西药	xīyào	medicine	10
洗	xǐ	wash	6
先进	xiānjìn	advanced	14
咸	xián	salty	11
消息	xiāoxī	news, information	15
小	xiǎo	small	8
小姐	xiǎojiě	Miss	5

小时	xiǎoshí	hour	2
小王	Xiǎo Wáng	Xiao Wang	8
些	xiē	*measure word*	7
新	xīn	new	8
新闻	xīnwén	news	15
姓	xìng	surname	1
学期	xuéqī	semester school term	2
学校	xuéxiào	school	2

Y

颜色	yánsè	color	8
阳光	yángguāng	sunshine	9
样品	yàngpǐn	sample	14
样样	yàngyàng	everything	13
样子	yàngzi	looking, design	8
药	yào	medicine	10
要紧	yàojǐn	serious	10
一般	yìbān	normally, usually	4
一边	yìbiān		6
一定	yídìng	surely, definitely	7
一下	yíxiàr	a moment	8
一些	yìxiē	some	6
衣服	yīfú	clothes	7
已经	yǐjīng	already	14

以前	yǐqián	before, previously	6
意大利	Yìdàlì	Italian	6
意大利人	Yìdàlìrén	Italian	1
英国	Yīngguó	England	1
英国人	Yīngguórén	English	1
英语	Yīngyǔ	English	13
游泳	yóuyǒng	swim	8
有的	yǒude	some (of the whole)	7
又	yòu	as well, also	11
鱼	yú	fish	10
愉快	yúkuài	pleasant, happy	10
雨水	yǔshuǐ	rainwater, rainfall, rain	9
语言	yǔyán	language	1
原谅	yuánliàng	forgive	1
月	yuè	month	4
越	yuè		12
越来越	yuèláiyuè	(to get) more and more...	12

Z

在……上	zài…shàng	in, on *(prepositional structure)*	1
早	zǎo	early	1
在	zài	exist	3
在	zài	be; in	12

早上	zǎoshàng	(early) morning	13
张	zhāng	*measure word*	5
这儿	zhèr	here	6
这里	zhèlǐ	here	11
这么	zhème	such, so	12
真	zhēn	really	7
只	zhǐ	only	3
质量	zhìliàng	quality	14
中(号)	zhōng(hào)	medium(size)	8
中餐厅	zhōngcāntīng	Chinese restaurant	6
中午	zhōngwǔ	noon, midday	2
中药	zhōngyào	western medicine	10
猪排	zhūpái	pork chop	6
注意	zhùyì	pay attention	10
着	zhe	*particle*	6
字典	zìdiǎn	dictionary	15
最近	zuìjìn	recently	10
昨天	zuótiān	yesterday	14
作用	zuòyòng	effect, function	12
坐	zuò	sit	7
坐位	zuòwèi	seat	11

附录一

汉语常用量词
Hànyǔ Chángyòng Liàngcí

Measure word is a special word category in Chinese. It is divided into two groups. One is used to describe about objects (nouns) and the other to modify verbs(actions). The structure of the former usage is "numeral+measure word+noun", and "verb+numeral+measure word" for the latter.

名量词	measure words modifying nouns
动量词	measure words modifying verbs
专用动量词	special measure words
借用动量词	borrowed measure words
借用身体部位	measure words borrowed from parts

B

把	bǎ					
	刀	dāo	knife	椅子	yǐzi	air
	叉子	chāzǐ	fork	花儿	huār	flower
	伞	sǎn	umbrella	钥匙	yàoshi	key
包	bāo					
	茶叶	cháyè	tea	香烟	xiāngyān	cigarette
	大米	dàmǐ	rice	糖	táng	sweet, sugar

杯 bēi
　茶　　chá　　tea　　　　酒　　jiǔ　　　beer
　水　　shuǐ　　water　　牛奶　niúnǎi　milk
　咖啡　kāfēi　coffee　　饮料　yǐngliào drink
本 běn
　书　　shū　　book　　　杂志　zázhì　magazine
　护照　hùzhào passport　相册　xiàngcè photo album
笔 bǐ
　钱　　qián　　money　　财产　cáichǎn property
　款子　kuǎnzi　cash　　　交易　jiāoyì　deal
部 bù
　汽车　qìchē　auto　　　小说　xiǎoshuō novel
　电影　diànyǐng movie　机器　jīqì　　machine

C

场 chǎng
　电影　diànyǐng movie　球赛　qiúsài　game

D

打 dǎ
　信封　xìnfēng envelop　袜子　wàzi　　sock
　铅笔　qiānbǐ　pencil　　毛巾　máojīn　towel

道	dào					
	菜	cài	dish			
	光线	guāngxiàn	light			
顶	dǐng					
	帽子	màozi	cap, hat			
段	duàn					
	文章	wénzhāng	article	话	huà	speech
	时间	shíjiān	time	木头	mùtou	log
对	duì					
	夫妻	fūqī	couple	儿女	érnǚ	children
	花瓶	huāpíng	vase	鸽子	gēzi	pigeon
顿	dùn					
	饭	fàn	meal			

F

份	fèn		
	礼物	lǐwù	gift
	报纸	bàozhǐ	newspaper
	合同	hétóng	contract
	文件	wénjiàn	file, document
封	fēng		
	信	xìn	letter
幅	fú		
	画	huà	picture, painting

副 fù
    筷子　　kuàizi　　chopsticks　　手套 shǒutào　gloves
    耳环　　ěrhuán　　earrings　　　眼镜 yǎnjìng　glasses

G

个 gè
    人　　　rén　　　person
    本子　　běnzi　　exercise book
    学校　　xuéxiào　school　　　家庭 jiātíng　family
根 gēn
    棍子　　gùnzi　　stick　　　　火柴 huǒchái　match
    筷子　　kuàizi　　chopstick　　头发 tóufa　　hair

H

盒 hé
    火柴　　huǒchái　match　　　　烟　yān　　　cigarette
    巧克力　qiǎokèlì　chocolate　　礼物 lǐwù　　gift
壶 hú
    茶　　　chá　　　tea
    酒　　　jiǔ　　　wine, alcohol
    水　　　shuǐ　　water
家 jiā
    医院　　yīyuàn　　hospital
    工厂　　gōngchǎng factory

	商店	shāngdiàn	shop			
	饭店	fàndiàn	restaurant			
架	jià					
	飞机	fēijī	plane	钢琴	gāngqín	piano
	相机	xiàngjī	camera			
间	jiān					
	教室	jiàoshì	chassroom	屋子	wūzi	room
件	jiàn					
	衣服	yīfu	clothing	行李	xínglǐ	baggage
	事情	shìqíng	thing	案子	ànzi	case
节	jié					
	课	kè	course	竹子	zhúzi	bamboo
	车厢	chēxiāng	compartment			
	电池	diànchí	battery			
句	jù					
	话	huà	saying, talk			

K

	棵	kē				
	树	shù	tree	草	cǎo	grass
	菜	cài	vegetable			
颗	kē					
	心	xīn	heart	星星	xīngxing	star
	豆	dòu	bean	珍珠	zhēnzhū	pearl

口	kǒu					
	人	rén	person	井	jǐn	well
	猪	zhū	pig	钟	zhōng	clock
块	kuài					
	豆腐	dòufu	beancurd	面包	miànbāo	bread
	肉	ròu	meat	石头	shítou	rock
	肥皂	féi zào	soap	手表	shǒubiǎo	watch

L

粒	lià					
	米	mǐ	rice	沙子	shāzi	sand
门	mén					
	课程	kèchéng	course	技术	jìshù	technology
	学问	xuéwèn	knowledge			

P

盘	pán					
	菜	cài	dish	饺子	jiǎozi	dampling
批	pī					
	货	huò	goods			
	旅游者	lǚyóuzhě	traveler, tourist			
匹	pǐ					
	马	mǎ	horse			

篇 piān
- 文章　wénzhāng　artile
- 论文　lùnwén　paper

片 piàn
- 面包　miànbāo　bread　肉　ròu　meat
- 草原　cǎoyuán　grassland　云　yún　cloud
- 好心　hǎoxīn　kindness

Q

群 qún
- 孩子　háizi　children　羊　yáng　sheep

S

双 shuāng
- 手　shǒu　hand　鞋　xié　shoe
- 袜子　wàzi　sock　筷子　kuàizi　chopstick

T

台 tái
- 电视　diànshì　television　机器　jīqì　machine

套 tào
- 邮票　yóupiào　stamp　房子　fángzi　house
- 茶具　chájù　teasets

堂	衣服	yīfú	chothing, dress			
	课	kè	course, class			
条	tiáo					
	鱼	yú	fish	河	hé	rive
	小路	xiǎolù	alley	裤子	kùzi	trousers
	狗	gǒu	dog	小溪	xiǎoxī	brook
头	tóu					
	猪	zhū	pig			
	牛	niú	cow, bull			

Z

张	zhāng					
	纸	zhǐ	paper	照片	zhàopiān	photogragh
	画儿	huàr	picture	地图	dìtú	map
	床	chuáng	bed	桌子	zhuōzi	table
枝	zhī					
	铅笔	qiānbǐ	pencil	钢笔	gāngbǐ	pen
	蜡烛	làzhú	candle			
只	zhī					
	手	shǒu	hand	耳朵	ěrduo	ear
	眼睛	yǎnjīng	eye	羊	yáng	sheep
	鸡	jī	chicken	袜子	wàzi	sock

座　zòu
　　楼　　　lóu　　biulding　桥　qiáo　　bridge
　　山　　　shān　　hill, mountain
　　塔　　　tǎ　　　tower

动量词　　　　dòng liàngcí
专用动量词　　zhuān yòng dòng liàngcí

遍　biàn
　　　　看一遍　　kàn yí biàn　　to read through
　　　　说一遍　　shuō yí biàn　　to say something
场　chǎng
　　　　病了一场　　bìng le yì chǎng
　　　　　　　　　　to be sick
　　　　下了一场雨　xià le yì chǎng yǔ
　　　　　　　　　　to rain
　　　　看了一场电影　kàn le yì chǎng diànyǐng
　　　　　　　　　　to watch a movie
次　cì
　　　　去一次　　qù yícì
　　　　　　　　　to be somewhere once
　　　　参观过一次　cān guān guò yícì
　　　　　　　　　to visit a place once
　　　　吃过几次　chī guò jǐcì
　　　　　　　　　to have tasted the food several times

顿 dùn
  吃一顿 chī yí dùn   to have a meal
  打一顿 dǎ yí dùn   to beat sb.
  骂一顿 mà yí dùn   to give sb a lesson, to curse sb.
回 huí
  去一回 qù yì huí   to go there once
  来过几回 lái guò jǐ huí   to have come several times
趟 tàng
  走一趟 zǒu yí tàng   to go there
  来一趟 lái yí tàng   to come here
下 xià
  打了几下 dǎ le jǐ xià   to beat sb/sth
  敲了一下门 qiāo le yí xià mén   to knock on the door
阵 zhèn
  下了一阵雨 xià le yízhèn yǔ   to rain for a while
  吹来一阵风 chuī lái yízhèn fēng   to breeze for a while

借用动量词　　jiè yòng dòng liàngcí

A：借用身体部位 jiè yòng shēntǐ bùwèi
  脚 jiǎo
    踢了一脚 tī le yì jiǎo   to kick sb.
  口 kǒu
    咬了一口 yǎo le yì kǒu   to give sb/sth a bite

拳　　quán
　　　打了一拳　　dǎ le yì quán　to beat sb with tight fist
眼　　yǎn
　　　看了一眼　　kàn le yì yǎn　to have a look at

B：借用名词　　jiè yòng míngcí
笔　　bǐ
　　　写了一笔　　xiě le yì bǐ　to write sth.
刀　　dāo
　　　切了一刀　　qiē le yì dāo　to give one cut
枪　　qiāng
　　　放了一枪 fàng le yì qiāng　to shoot
针　　zhēn
　　　打了一针 dǎ le yì zhēn　to give one shot

声　　shēng
　　　喊了一声　　hǎn le yì shēng
　　　　　　　　　to shout
　　　告诉我一声　gàosù wǒ yì shēng
　　　　　　　　　to let me know

附录二：

古诗三首
Gǔ Shī Sān Shǒu

唐　　代　(Tang Dynasty)
Táng　Dài
李　白　　(701~762)
Lǐ　Bái

黄　鹤　楼　送
huáng　hè　lóu　sòng
孟　浩　然　之　广　陵
mèng　hào　rán　zhī　guǎng　líng

故　人　西　辞　黄　鹤　楼，
gù　rén　xī　cí　huáng　hè　lóu
烟　花　三　月　下　扬　州。
yān　huā　sān　yuè　xià　yáng　zhōu
孤　帆　远　影　碧　空　尽，
gū　fān　yuǎn　yǐng　bì　kōng　jìn
唯　见　长　江　天　际　流。
wéi　jiàn　cháng　jiāng　tiān　jì　liú

SEEING MENG HAORAN OFF AT YELLOW CRANE TOWER

My friend has left the west where the Yellow Crane towers
For River Town green with willows and red with flowers.
His lessening sail is lost in the boundless blue sky,
Where I see but the endless River rolling by.

唐　代　(Tang Dynasty)
Táng　Dài

孟　郊　(751~814)
Mèng　Jiāo

游　子　吟
yóu　zǐ　yín

慈　母　手　中　线，
cí　mǔ　shǒu　zhōng　xiàn
游　子　身　上　衣。
yóu　zǐ　shēn　shàng　yī
临　行　密　密　缝，
lín　xíng　mì　mì　féng
意　恐　迟　迟　归。
yì　kǒng　chí　chí　guī
谁　言　寸　草　心，
shuí　yán　cùn　cǎo　xīn
报　得　三　春　晖。
bào　dé　sān　chūn　huī

SONG OF THE PARTING SON

The thread in mother's hand–
A grown for parting son,
Sewn stitch by stitch, alas!
For fear of cold he'll stand.
Such kindness of warm sun
Can't be repaid by grass.

宋　代　　　(Song Dynasty)
Sòng　Dài

欧　阳　修　(1007~1072)
Ōuyáng　Xiū

丰　乐　亭　游　春
fēng　lè　tíng　yóu　chūn

红　树　青　山　日　欲　斜，
hóng shù qīng shān rì yù xié
长　郊　草　色　绿　无　涯。
cháng jiāo cǎo sè lǜ wú yá
游　人　不　管　春　将　老，
yóu rén bù guǎn chūn jiāng lǎo
来　往　亭　前　踏　落　花。
lái wǎng tíng qián tà luò huā

BEFORE THE PAVILION

The mountains green are dappled with red leaves, behold!
At sunset out of sight the verdant meadows spread.
Visitors do not care that spring will soon grow old;
On fallen blooms before the pavilion they tread.

北京大学出版社最新图书推荐（阴影为近年新书）

名称	书号	定价
汉语教材		
新概念汉语(初级本Ⅰ)	06449-7	37.00
新概念汉语(初级本Ⅱ)	06532-9	35.00
说字解词(初级汉语教材)	05637-0	70.00
中级汉语精读教程(1)	04297-3	38.00
中级汉语精读教程(2)	04298-1	40.00
初级汉语阅读教程(1)	06531-0	35.00
初级汉语阅读教程(2)	05692-3	36.00
中级汉语阅读教程(1)	04013-X	40.00
中级汉语阅读教程(2)	4014-8	40.00
中国剪影－中级汉语教程	04102-0	28.00
新汉语教程(1-3)(初中高级)	04028-8/04029-6/04030-X	85.00
话说今日中国(高级精读)	04153-5	46.00
基础实用商务汉语(修订版)	04678-2	45.00
公司汉语	05734-2	35.00
国际商务汉语教程	04661-8	33.00
短期汉语教材		
魔力汉语(上)(英日韩文注释本)	05993-0	33.00
魔力汉语(下)(英日韩文注释本)	05994-9	33.00
汉语快易通－初级口语听力(英日文注释本)	05691-5	36.00
汉语快易通－中级口语听力(英日韩文注释本)	06001-7	36.00
快乐学汉语(韩文注释本)	05104-2	22.00

| 快乐学汉语(英日文注释本) | 05400-9 | 23.00 |

口语听力教材

初级汉语口语(上)	03526-8	40.00
初级汉语口语(下)	03701-5	50.00
中级汉语口语(上)	03154-8	28.00
中级汉语口语(下)	03217-X	28.00
高级汉语口语(上)	03519-5	30.00
高级汉语口语(下)	03920-4	30.00
汉语初级听力教程(上)	04253-1	32.00
汉语初级听力教程(下)	04664-2	45.00
汉语中级听力教程(上)	02128-3	28.00
汉语中级听力教程(下)	02287-5	38.00
汉语高级听力教程	04092-x	30.00
新汉语中级听力(上册)	06527-2	54.00

文化教材及读物

中国概况(修订版)	02479-7	30.00
中国传统文化与现代生活-留学生中级文化读本	06002-5	38.00
中国传统文化与现代生活-留学生高级文化读本	04450-X	34.00
文化中国-中国文化阅读教程1	05810-1	38.00
解读中国-中国文化阅读教程2	05811-X	42.00

写作、语法、汉字及报刊教材

应用汉语读写教程	05562-5	25.00
留学生汉语写作进阶	06447-0	31.00
实用汉语语法(修订本)附习题解答	05096-8	75.00
简明汉语语法学习手册	05749-0	22.00

常用汉字图解	03329-X	85.00
新编汉语报刊阅读教程(初级本)	04677-4	25.00
新编汉语报刊阅读教程(中级本)	04677-4	26.00
新编汉语报刊阅读教程(高级本)	04677-4	40.00

HSK 应试辅导书教材及习题

HSK 汉语水平考试模拟习题集(初、中等)	04518-2	40.00
HSK 汉语水平考试模拟习题集(高等)	04666-9	50.00
HSK 汉语水平考试词汇自测手册	05072-0	45.00
HSK 汉语水平考试(初、中等) 全真模拟活页题集(模拟完整题)	05080-1	37.00
HSK 汉语水平考试(初、中等) 全真模拟活页题集(听力理解)	05310-X	34.00
HSK 汉语水平考试(初、中等)全真模拟活页题集 (语法 综合填空 阅读理解)	05311-8	50.00